U0918243

山西省特色重点学科建设经费资助
山西省哲学社会科学规划项目支持（项目编号 2020YY130）

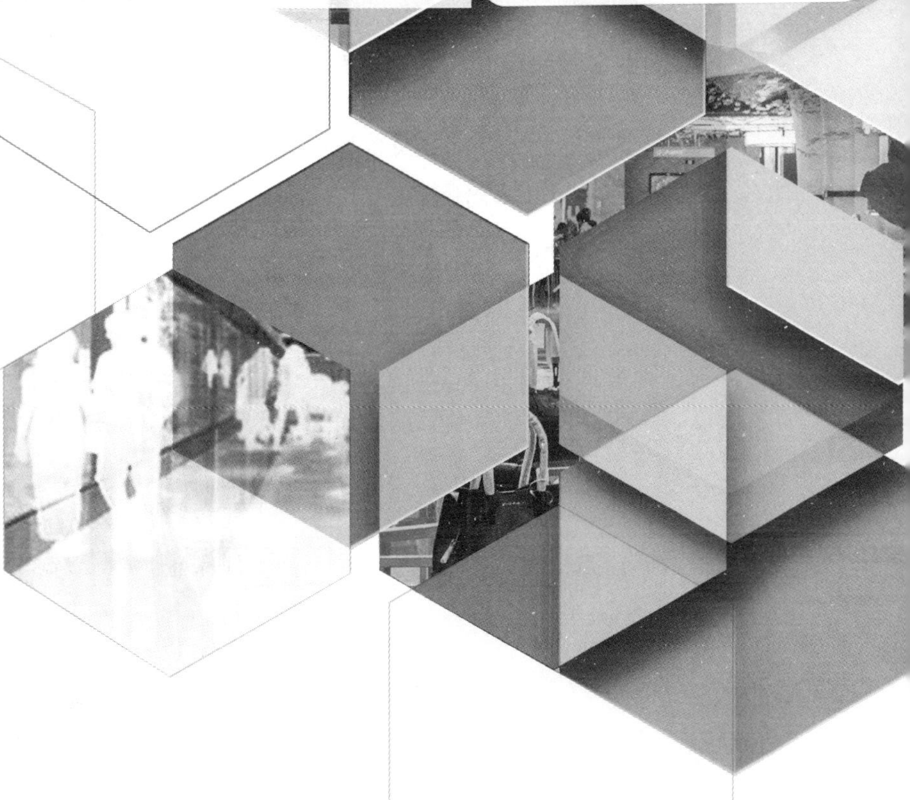

我国零售业创新的经济效应研究

WOGUO LINGSHOUYE CHUANGXIN DE JINGJI XIAOYING YANJIU

杨兴夏 著

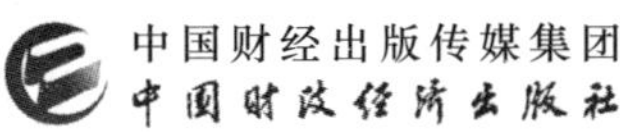

图书在版编目（CIP）数据

我国零售业创新的经济效应研究 / 杨兴夏著. --北京：中国财政经济出版社，2021.9

ISBN 978-7-5095-2593-7

Ⅰ.①我… Ⅱ.①杨… Ⅲ.①零售业-经济效益-研究-中国 Ⅳ.①F724.2

中国版本图书馆CIP数据核字（2021）第171417号

责任编辑：王　芳　　　　责任校对：胡永立

封面设计：卜建辰　　　　责任印制：党　辉

中国财政经济出版社 出版

URL：http：//www.cfeph.cn

E-mail：cfeph@cfeph.cn

（版权所有　翻印必究）

社址：北京市海淀区阜成路甲28号　邮政编码：100142

营销中心电话：010-88191522

天猫网店：中国财政经济出版社旗舰店

网址：https：//zgczjjcbs.tmall.com

北京财经印刷厂印刷　各地新华书店经销

成品尺寸：170mm×240mm　16开　13印张　185 000字

2021年9月第1版　2021年9月北京第1次印刷

定价：56.00元

ISBN 978-7-5095-2593-7

（图书出现印装问题，本社负责调换，电话：010-88190548）

本社质量投诉电话：010-88190744

打击盗版举报热线：010-88191661　QQ：2242791300

目　录

第 1 章

引　言

1.1 研究背景

随着以信息技术为核心的高新技术迅猛发展和国内消费市场持续升级，我国零售业创新进入高度活跃期。基于“互联网＋”的零售业技术创新、渠道创新、业态创新、供应链创新等创新热潮不断，以服务消费者为中心的智慧零售、跨界零售、体验零售、无人零售等经营模式丰富多样。据商务部2019年9月发布的《中国零售行业发展报告（2018/2019）》，零售业创新持续推进，取得一系列成效。实体零售转型升级步伐加快，百货业态继续回暖，集多功能于一体的购物中心增势良好。零售品质化、智能化水平不断提升，商品服务供给品质进一步提高，技术驱动作用增强，线上线下融合加深，步行街等商业载体更加集聚优化，消费场景互动重构，更好地满足居民消费升级需要。

零售业作为国民经济基础性行业，持续发挥促进消费升级、推动经济高质量发展的重要作用。党的十九大报告指出“完善促进消费的体制机制，增强消费对经济发展基础性作用”，“继续深化供给侧结构性改革，把提高供给体系质量作为主攻方向”。国务院办公厅出台了《关于推动实体零售创新转型的意见》（国办发〔2016〕78号）、《中共中央　国务院关于完善促进消费体制机制　进一步激发居民消费潜力的若干意见》（国务院公报2018年第28号）、《关于加快发展流通促进商业消费的意见》（国办发〔2019〕42号）等一系列促消费政策措施，我国零售业进入大发展、大转型时期。当今社会，流通呈现“短”的发展趋势（张富春和沈宇丹，2011），零售业一端连着消费，一端与生产的关联日益增强，在拉动消费和促进生产方面大有可为，助力我国经济改革发展。

2016年10月“新零售”概念被提出后，阿里巴巴与百联集团在4个月之后以“新零售、新消费、新未来”为主题签署了战略合作协议。在

2017 年 3 月举行的“中国流通三十人论坛”会议上，“新零售”被学者解读为线上线下零售业互动融合发展，成因有产业融合的协同促进论、优胜劣汰的兼并重组论、推进混合所有制改革的体制改革论以及推高上市公司市值的利好消息论（林英泽等，2017）。2017 年 3 月，阿里巴巴研究院发布的《新零售研究报告》把“新零售”定义为“以消费者体验为中心的数据驱动泛零售形态”。2017 年 7 月，商务部流通产业促进中心组织课题组撰写的《走进零售新时代——深度解读新零售》研究报告，从主体、产出、组织、活动、经营五个方面诠释了新零售的内涵及特点。京东、永辉、网易严选等零售企业纷纷引领潮流，在零售业创新转型方面有突出表现，实体店数字化、线上线下融合、多业态跨界协同、供应链智能高效化等创新层出不穷（见表 1－1）。

表 1－1　2019 年度 CCFA 零售创新奖获奖信息

<table>
<tr><th>创新奖项</th><th>获奖案例题目</th><th>相关零售企业名称</th></tr>
<tr><td>最佳会员体系构建</td><td>孩子王的重度会员经营体系</td><td>孩子王儿童用品股份有限公司</td></tr>
<tr><td rowspan="2">最佳供应链效率提升</td><td>京东供应链数字化产业平台零售供应链改装</td><td>京东集团</td></tr>
<tr><td>数字化工具赋能端到供应链端</td><td>宝洁（中国）零售客户</td></tr>
<tr><td>最佳零供合作</td><td>基于零供双方数字化库存管理的协同优化</td><td>华润万家有限公司</td></tr>
<tr><td rowspan="2">最佳业态创新</td><td>T11——中国城市零售消费主场景的引领者</td><td>T11 生鲜食品超市</td></tr>
<tr><td>千店千面 做有温度的零售商</td><td>北京超市发连锁股份有限公司</td></tr>
<tr><td rowspan="2">最佳营销活动</td><td>伊利×永辉超市新零售跨界整合营销</td><td>永辉超市</td></tr>
<tr><td>瑞幸咖啡×网易云音乐“乐岛主题店”</td><td>乐岛主题店</td></tr>
<tr><td rowspan="2">最佳消费体验提升</td><td>网易严选布局新零售开拓线下店 全力提升机制消费体验</td><td>网易严选</td></tr>
<tr><td>星巴克臻选天津恒隆广场旗舰店——让文物说话，将第三空间体验创新融入中国百年建筑</td><td>天津恒隆广场</td></tr>
<tr><td rowspan="3">数字化转型最佳案例</td><td>步步高数字化运营的转型实践</td><td>步步高商业连锁股份有限公司</td></tr>
<tr><td>天虹，数字化助力成长多点</td><td>天虹商场股份有限公司</td></tr>
<tr><td>Dmall——生鲜快消数字零售平台 实体零售深度赋能者</td><td>多点 Dmall 零售客户</td></tr>
</table>

资料来源：根据 2019 年中国连锁经营协会（CCFA）评选的 CCFA 零售创新奖整理。

零售业创新实践丰富多彩，理论解释却莫衷一是。理论研究对线上向线下融合的“新零售”是否是创新存在争议，即使持肯定态度的学者对于“何为新”也有多种不同观点。这说明学者对零售业创新还缺乏统一的认识。零售业创新具有怎样的内在规定性？零售业创新如何测度和评价？零售业创新的产业绩效如何？零售业创新如何影响两端的消费和生产？影响程度如何？本书采用“内涵—测度—经济效应”依次递进的研究思路，从三个方面依次展开我国零售业创新的经济效应研究：首先探讨零售业创新内涵和机理，接着分析零售业创新如何测度，最后分析零售业创新有哪些经济效应及程度如何。

1.2 研究目的和意义

1.2.1 研究目的

1. 阐述零售业创新内涵

基于创新理论和产业竞争理论确定零售业创新内涵和它的微观、中观层面。运用流通经济理论建立零售商内、外创新理论模型阐述零售业创新的微观机理，运用合成框架阐述零售业创新的中观机理。

2. 构建零售业创新测度指标

依据零售业创新内涵，利用国家统计局新近开展的中国企业创新调查统计数据，构建并实证零售业创新测度指标，测算零售业创新水平，比较我国零售业创新在类型、区域方面的差异。

3. 研究零售业创新的经济效应

首先，研究零售业创新对零售业绩效的影响效应。基于产业绩效实证结果，接着分析零售业创新对消费的影响效应和对产出的影响效应。构建消费二元增长概念，分别研究零售业内部创新对消费集约增长的影响效应和零售业外部创新对消费扩展增长的影响效应。应用交易外部性理论构建数理模型，阐述零售业各创新对产出增长的影响效应。

1.2.2 研究意义

1. 理论意义

本书研究我国零售业创新的经济效应，理论意义体现在：第一，零售业创新内涵研究丰富了产业创新理论。产业创新一词被广泛使用，但其内涵还不统一，本书基于熊彼特（Schumpeter，1912）对创新的定义，将产业创新定义为企业创新及其在产业扩散形成产业新生产函数的过程，从创新本质出发明确了产业创新的内涵。第二，零售商创新机理研究是对零售业态创新理论的深入。零售业态创新理论研究始于20世纪五六十年代，在随后的几十年中形成了较为丰富的研究成果。21世纪以来，零售业发生了以电子商务等为主要特征的巨大变化，但理论研究进展远远落后于零售业态创新实践。本书构建的零售商内、外创新模型把已有业态研究中的服务变量，细分为面向消费者的服务和面向生产商的服务，拓宽了服务维度，分析了两种服务的协同和矛盾，深化和丰富了零售业态创新理论，把新零售与以往零售革命在理论上连在一起。第三，零售业创新经济效应研究丰富了流通经济理论。由于理论研究滞后，流通产业在经济发展中发挥重要作用，但受到的重视和得到的支持仍然不够。理论研究滞后的主要原因，是西方经济学研究消费理论与生产理论对于流通问题忽略不计；我国学者由于面临和主流经济学对接压力，对日益重要的流通产业研究甚少并且分散，成果堪以贫困来形容（荆林波，2018）。本书以流通领域重要组成部分的零售业为研究对象，在分析零售业创新的产业经济基础上，从消费二元增长视角研究零售业创新对消费的影响机理，从要素投入视角探讨零售业创新对生产性劳动的影响机理并做比较静态分析。用主流经济学理论研究零售业创新的经济效应，是一次理论分析上的尝试。

2. 现实意义

本研究的现实意义主要有以下两点。第一，为零售商创新发展提供借鉴。在电子商务快速发展期，实体零售受到巨大冲击，虽然实体零售“触网”转型，但案例乏善可陈。近年来，电子商务也由高速增长转入中低速增长，零售商关注创新，通过创新转型来促进发展已成为共识。何为创新？如何创新？这些是零售商面临的问题及关注的焦点。本研究关于零售商创新机理的思考，迎合了零售商创新发展的需要，有利于零售商制定创新发展战略。第二，为政府制定零售业创新驱动政策提供参考。作为零售商创新的集合，零售业创新应避免陷入“合成谬误”陷阱，政策制定者要警惕出现这种现象。同时，本书对零售业创新现状和特点的研究有利于相关部门制定和完善推动零售业创新发展的政策。

1.3　文献综述

本书从产业创新内涵、零售业创新理论、零售业创新测度和零售业创新经济效应四个方面进行了文献梳理。

1.3.1　产业创新内涵研究

“创新”最早由熊彼特（Schumpeter，1912）提出，它是指“一种从未有的生产要素和生产条件的新组合引入生产体系”从而发生“生产函数的变动”。新组合分为五种情况，分别对应产品、流程、市场、投入以及组织五种创新类型。凯恩斯同样研究经济增长问题，他的理论比创新理论得到更多关注和追随，导致创新理论研究沉寂了许久。直到20世纪90年代中期，题目中含有“创新”的论文数量才出现激增，产业创新是创新理论的重要分支（王桂军和曹平，2018）。

产业创新研究源于第三次科技革命给各产业带来的巨大变化，主要采用文献法和案例分析等方法，研究内容呈现从工业部门创新向服务业部门创新，从技术创新向非技术创新的新变化。科技革命首先波及工业部门，产业创新早期研究以工业部门为主。坎宁安（Cunningham，1960）探讨了创新普及困难的产业差异性、绩效标准和产业比较等问题。施穆克勒（Schmookler，1966）系统分析了19世纪上半叶到20世纪50年代美国铁路、炼油、农业和造纸四个产业的创新情况，梳理了各产业的发明活动。工业部门产业创新的相继研究还有：罗斯韦尔（Rothwell，1985）对纺织机械产业创新的梳理；美国科学院对电子、汽车、机床等7个产业创新的调查；纳尔逊（Nelson，1987）对130个产业创新的问卷分析；霍布德（Hobday，1997）对半导体产业创新的探讨等。弗里曼和苏特（Freeman和Soete，1997）所著的《The Economics of Industrial Innovation》一书，认同熊彼特对创新的全面定义，并梳理了电力、钢铁、汽车、电子和计算机等许多产业中出现的创新，研究结果表明不同产业主要的创新方式不尽相同，如化学产业主要是流程创新，电力产业主要是市场创新，书中还提出了“国家创新体系”概念，强调构建由公共部门、私有部门和机构组成的网络系统，目的是经济地创造、引进和扩散新的知识和技术。此后，在政府、企业、大学、研究院所、中介机构合作创新的研究中，学者开始使用产业创新这一概念。

随着服务经济快速发展，学术界对服务业创新研究逐渐增多。巴拉斯（Barras，1986）通过对金融、保险、会计及公共管理部门等典型服务部门调查，提出了著名的“逆向产品周期理论”。该理论认为服务业创新活动演进周期与埃伯纳西和厄特巴克（Abernathy和Utterback，1975）提出的制造业产品生命周期各阶段顺序相反，计算机技术推动的服务产业创新演进规律是从效率增强型创新经过质量改善型创新直到出现新服务的产品创新。巴拉斯（Barras，1986）理论也存在一定局限性，仅适用于有限产业、有限技术和有限时间段。与工业部门一样，服务业各部门也存在创新差异性，服务业创新也需要按部门分别研究。

欧美学者虽然使用产业创新这个概念，但很少做专门的界定与解释。国内学者研究产业创新，较少对某个产业（部门）的创新问题进行分析探讨，而是深挖产业创新的概念内涵，寻找适合所有产业的创新规律。周旭东（2015）从产业内创新与产业间创新两个角度对产业创新概念进行了分析。产业内创新是指产业中企业在产出、流程、市场、原料以及组织等方面开展的原始创新，随后以溢出效应、竞争效应以及合作联盟等机制推动产业中的其余企业对创新的模仿及再创新，产业内创新是企业创新的逆过程。产业间创新是企业从原有产业向新产业延伸和拓展业务的过程，相关研究早期主要探讨衰退产业转移问题，近年来转向分析企业如何耦合创新链与产业链进入上下游市场，提高产业间创新扩散与共享能力（王磊等，2017；连远强，2016）。

通过梳理产业创新文献，本书认为已有文献中使用的“产业创新”概念有三种内涵：一是指产业中的创新，即某产业部门中出现的创新行为，由于没有具体到哪个企业，而是产业普遍现象，因而被表述为产业创新，代表学者有埃伯纳西和厄特巴克；二是指企业合作创新，全称为“产业创新生态系统”，常见于研究跨行业跨部门合作研发的文献中，其主要关注不同行业不同部门的组织如何构建合作共赢机制，实现优势互补过程，代表学者有曹如中等（2010，2015）；三是指企业创新扩散，探讨企业创新在扩散中对产业中其他企业的影响，代表学者有周旭东（2015）。学者虽然在产业层面进行了较多的创新研究，但涉及该概念与创新、企业创新的区别与联系的研究较少。

1.3.2 零售业创新理论研究

我们首先梳理创新理论研究中关于零售业创新的阐述，然后综述零售业态创新有哪些基础理论，还有哪些零售业创新新理论。

1. 创新理论研究中关于零售业创新的阐述

在《资本主义、社会主义与民主》一书中，熊彼特（Schumpeter，1942）对质量竞争和销售努力形成的现实和潜在竞争进行了阐述，认为小型零售商的竞争不是由增加同类型的商店引起的，而是来自百货店、连锁店、邮购商店和超级市场，这些商业机构占有成本上或质量上的决定性优势，有能力以小零售商进货的价格出售商品，对小零售商的打击不是现有企业的利润边际和产量，而是他们的商业经营基础和生命。

克里斯坦森（Christensen，2010）在其著作《创新者的窘境》中基于西尔斯等三家大型连锁百货零售公司发展窘境，提出了持久性创新和突破性创新的概念，构建了关于“失败”的理论框架。持久性创新按照主要市场中大多数用户历来重视的方面改进已定型产品的性能，而突破性创新的性能比主流市场已定型的产品要差，但更便宜、简单和便于使用，忽略突破性创新使大企业陷入创新失败的窘境。该书第5章使用“创新失败”理论框架解释了折价零售商比常规的连锁店和百货商店更胜一筹的原因。折扣商品所提供的服务质量和选择范围对于人们已经习惯的高质量零售具有很大的破坏性，其与高质量零售成本结构的本质区别在于低毛利和高存货周转率。值得注意的是，对最早折价商店科维特的案例研究不仅反映了折扣零售对高质量零售的替代关系，还包含了两者间的互补关系。科维特及模仿它的人集中销售那些能“自我推销”的商品，因为用户已经知道如何使用它们，同时由于依靠享誉全国的品牌形象来确立其商品的价值和质量，这些折价商店不用聘请资深的销售人员。由此看出，折价商店与高质量零售在服务方面存在互补性，折扣零售节约的服务并不意味着消费者不需要过度服务，而是高质量零售商向消费者已经提供了服务。

厄特巴克在其博士论文《仪表企业的技术创新过程》中把创新分为创意产生、问题解决以及实施扩散三个阶段，在随后的研究中主要集中于产业创新的动态过程，标志性成果就是著名的A－U曲线模型（Abernathy和Utterback，1975）。A－U曲线模型的核心概念是“主导设计”，它是一种赢得竞争者、创新者和消费者追随的新产品，在主导设计产生之前，产品创新在产业中占据主导地位，而在主导设计产生之后，过程创新在产业中占据主导地位。巴拉斯（Barass，1990）构建了“逆向产品周期”模型，分析信息和通信技术对“先锋服务业”变革的影响，并把相关服务行业创新活动分为改善服务效率的渐进性过程创新、提高服务质量的根本性过程创新以及形成新服务的产品创新三个阶段。他把信息和通信技术应用最为广泛的金融和商务服务业列为先锋服务业，依据《英国经济活动标准行业分类》，零售商管理活动属于商务活动，因而逆向产品周期理论可以用来解释信息通信技术对零售管理活动创新的推动。

蒂斯（Teece，1986）从互补性资产、独占性以及主导设计等方面，分析了企业如何实施创新管理。蒂斯（Teece，2009）研究了沃尔玛折扣业态创新取得成功的主要原因有：一是保持了创新的独占性，沃尔玛所在地区的市场规模难以容纳同样规模的零售商，从而阻碍了潜在进入者，实现了降低创新可复制性和可模仿性的目的；二是建立了互补资产，通过采购和信息技术系统等互补资产创新辅助折扣零售创新，形成了整体创新，不易为竞争对手所模仿。

创新理论研究学者应用破坏性创新理论、逆向产品周期理论分析了零售业中的部分创新，应用互补性资产和独占性概念阐述了零售业如何提升创新效率，并论证了零售业创新的进入壁垒效应。

2. 零售业态创新基本理论解释

学术界对发生了几次零售革命说法不一（李飞和张语涵，2018）。比较公认的说法是历史上曾经发生过三次零售革命，分别是百货商店、连锁以及超级市场的产生，当今社会正在经历以互联网为主要应用的第四次零售革命（王成荣，2014；刘强东，2018）。虽然新零售被冠以“第五次零售革命”，但其科学性还有待证实。

学者对零售业态研究起步较早，但成果不多。雷诺斯等（Reynoldset等，2007）对商管财经类全文数据库（Business Source Premier，简称BSP）2006年3月之前收录的31 000篇创新文献进行整理，发现与零售业态创新有关的文章仅有12篇。雷诺斯等（Reynolds等，2008）再一次进行了文献梳理，发现研究服务业创新的文献增加了19篇，而零售业态创新研究没有增加。零售业态创新研究长期滞后于实践。零售业态创新理论主要解释零售业态变迁规律，包括周期理论、环境理论以及冲突理论等。周期理论产生最早，研究成果也最为丰富，它是从最一般的角度提出了零售业发展的周期性特点；冲突理论主要探讨在新的零售组织出现时新旧组织之间的对立问题；环境理论则强调零售商的变化是其所在环境的函数。

麦克奈尔（Mcnair，1958）的“零售之轮理论”，系统总结了零售业态变迁规律。该理论强调零售业态创新开始于低成本零售组织出现，各组织随着价格竞争加剧又开始依靠服务品质争夺市场，零售商成本及零售价格上涨，此时更低成本的零售业态出现。麦克奈尔的思想形成于其在 1931 年的一篇研究，他发现当时百货商店开始售卖餐饮，认为造成这种现象的原因是通过增加经营品类以分摊房租、人员工资等固定成本投入，他用大规模零售概括零售业发展现状与趋势，预测低成本是零售业发展的主要特征，并以此解释了连锁店、超级市场以及折扣店等业态的出现。该理论提出后被业界和学界广泛应用，但有学者认为该理论没有给出零售业创新的明确解释（Markin 和 Duncan，1981；Hollander，1960），在实践中无法解释高价格的零售业态出现，如百货商店以及发展中国家超级市场的产生与发展（晏维龙，2002）。

之后，真空地带理论和大中间地带理论的完善补充了“零售之轮理论”。尼尔森（Nielsen，1966）以消费者偏好为核心变量构建了真空地带理论，认为大部分消费者都偏好中等价格和中等服务，零售业态间竞争集中在市场份额较大的中间地带，而中、低端消费者偏好被忽略成为真空地带。真空地带为零售业态创新提供了机会，低价格低质量服务与高价格高质量服务的创新分别迎合中、低消费者的偏好。该理论与零售之轮理论的重要区别是考虑了消费者异质性和厂商间非竞争的互补关系，从而对同一业态在不同国家产生与发展的路径差异以及高价格高质量服务业态的出现具有较好的解释。利维等（Levy 等，2005）认为零售业创新策略通常针对品质敏感型市场提供新的服务迎合高收入消费者的需求，获得差异化带来的垄断利润，而“真空地带理论”中的低价格低质量服务并没有新事物的出现，因而不是创新。创新业态出现后，如果能够借助规模经济降低经营成本，接下来就可以顺利进入具有较高市场份额的大中间地带继续经营，否则就会陷入困境退出市场。从“零售之轮”到“大中间地带”，各理论都认为服务和成本是相互制约的关系，高品质服务对应着高成本投入，从而推高商品售价。尽管中间地带理论认同消费者可能会接受高价格高服务水平，但大多零售业态创新理论都把降低成本作为零售业态创新的重要内容。这些理论可以解释价格水平与服务水平相一致的任何业态创新，例如低价格低质量服务创新、中等价格中等质量服务创新、高价格高质量服务创新，但低价格高质量服务这种最受消费者偏好的创新却没有得到合理解释。

中西正雄（Maso Nakanisi，1996）创建的“新零售之轮理论”，否定了零售价格和零售服务的正相关关系。该理论构建了技术边界线概念，认为零售业态创新引起了技术边界线移动，零售业态创新表现为“高水平服务低价格”的特征组合，而该理论又不能解释“高水平服务高价格”创新的产生。

以上关于零售业态创新的经典理论，每种理论都有较强解释力，但仍存在不足之处，均只能概括零售部分业态创新，对零售业态创新规律的探索还需进一步深入，才能构建包括新零售在内的统一零售业态创新解释框架。

3. 零售业创新机理研究拓展

盛亚（2010）依据熊彼特对创新的内涵、特征和分类，分析零售业发展的历史，认为零售业创新就是零售商创新，零售业创新有产出创新、流程创新、市场创新、货源创新以及组织创新五种类型，分别表现为新服务的不断产生、零售设施设备对劳动的加速替代，通过连锁的方式开辟新的市场，向上游控制成品、半成品的来源以及大规模零售的组织变革。

产业组织理论是零售业创新研究的理论基础之一。沈健和刘向东（2011）构建了双业态竞争模型描述零售业态竞争，发现成本控制尤其是消费者偏好的变化是业态创新的重要决定因素。潘塔诺等（Pantano 等，2014）解释了零售业创新研究较少的原因，他认为零售业是技术进步的应用者，而不是开发者，零售业通常将研发活动外包，从事研发的零售商较少，因而相关研究不多。潘塔诺等（Pantano 等，2016）分析了零售业最佳创新时间和次序问题，结果表明零售商创新会带来利润，也会产生风险，原始创新虽然利润高，但是风险大并且成本高，而模仿创新，特别是较早的模仿者，既不会面临较大的风险，又会有较高的利润。勃洛克等（Braak 等，2013）发现，零售业模仿创新不仅会出现在产业内，而且会出现在产业间。潘塔诺等（Pantano 等，2018）发现智慧零售并不具有普遍性，大量案例数据表明奢侈品品牌仍然偏好传统零售渠道。

关于“新零售”表现特征，学者们大都有“泛”的共识。泛就是广，不再局限于单独，至少由两个部分组成，并且形成有机联系。“泛零售”最早是由阿里巴巴研究院（2017）在《新零售研究报告》中提出的，同时报告还指出新零售与新制造、新金融、新技术和新资源是相互关联的，只有实现相互间的良性互动才能取得好的绩效，该观点表明新零售与各个产业存在着广泛的联系。部分学者认同以上观点，多使用“线上线下+”作为“新零售”的基本特征，而对在“+”什么方面各不相同。赵树梅和徐晓红（2017）认为线上线下融合是面对消费者的改变，为了实现这种改变需要构建包括供给端的全渠道产业生态链，这个生态链既包括零售业，也包括上游及所有合作方。王宝义（2017）分析了线上线下与物流需要紧密结合的原因，一是消费者线上线下数据打通要求物流先行，通过免费使用体验等促销活动促进消费者购买，二是满足线下消费者随时随地的物流需求。鄢章华和刘蕾（2017）以人工社会概念探讨了现实社会的零售与人工社会的金融服务、信息服务如何协同演化，得出了与阿里巴巴研究院相同的结论。

实体零售或者电子商务是单独的零售业态，“线上线下融合”则体现了“泛”，并且构成一个系统，部分学者进入系统内部探讨组织构成。鄢章华和刘蕾（2017）对零售中人、货、场这三种基本要素展开分析，线上、线下各有一套体系安排，线上线下融合的新零售就是要创新放大两者之间的互动关系，实现比原有单一业态更强更优的绩效。商务部发布的《走进零售新时代》（2017）研究报告也指出新零售不同于以往单方面的创新和变革，是全要素、多维度和系统化的，零售主体、产出、组织、活动和理念都有了新变化。

“新零售”是以“消费者体验为中心的数据驱动泛零售形态”，其理论支撑也正是“以消费者为中心”的营销理论、基于数据驱动技术进步的“新零售之轮”理论以及体现泛零售的融合理论。随着研究深入，营销理论从早期以产品为中心的4P理论发展到以消费者为中心的4C理论再到基于创建节约型社会的4R理论，互联网时代又蕴育了网络整合营销的4I理论。赵树梅和徐晓红（2017）认为“新零售”是一种新的营销理论，不同于传统零售以追求利润为目标的交易营销模式，而是传承和深化了消费者为中心的大市场营销理念，追求消费场景化与全渠道产业生态链满足消费者当前日益提高的对便利、情感和沟通的需求。鄢章华和刘蕾（2017）认为4P→12P→4C→4R→4I的营销理论发展脉络不是否定之否定，而是不断深化丰富的成果。新零售涉及新业态、新人群、新品牌、新技术，可以应用新的营销理论来指导新零售实践，解决新零售面临的问题。苏东风（2017）梳理了消费者购物价值研究文献，分别从功能性购物价值和享乐性购物价值两个方面阐述了消费者购物目的。魏国伟和狄浩林（2018）从消费者需求出发，构建了包含诚信因子、效用因子、服务因子和联通因子4个一级指标，12个二级指标和48个三级指标的体系，测度新零售竞争力。在“新零售之轮”中，由于大数据、云计算等信息技术进步，零售业技术边界线与用户效用曲线的切点向右下方移动，出现了价格和服务新组合，比之前的均衡对应更高的消费者福利（林英泽等，2017；王坤和相峰，2018）。

线上、线下在各具优势的同时，也各有劣势，融合可以实现取长补短。陈永伟（2018）认为电商具有需求创造功能，而传统零售对零售业务更加熟悉，更擅长成本控制从而使得成本曲线下降，线上线下融合的新零售同时实现了需求扩张和成本降低的目的，自然会被采纳整合和进一步发展。梁莹莹（2017）认为线上线下融合突破了线下零售的时空限制，又解决了线上商品因展示不足容易被客户放弃购买，以及线上无法提供满意的客户体验等问题。曾锵（2018）从商圈视角探讨了网络购物与实体零售间的互补效应，表现为网络购物诱发了消费者前往实体零售的出行行为，就如法拉等（Fara等，2006）所发现的网络购物频率越高的消费者越有可能去实体店购物，线上购物用户与线下购物用户可能是相同的客户群体，但李晓华（2018）却认为他们是深度分化的。

学者对新零售做了较为全面和深入的研究，既有如何做的实践构想，也有规律性的理论支撑，对新零售以及未来零售业创新发展具有重要的指导意义。然而，在以下三个方面应该展开进一步探索。第一，区分“新零售”与“线上线下融合”。线上线下融合分线下向线上融合和线上向线下融合两个阶段，前者通常是传统实体零售业触网转型的举措，而后者是最新的“新零售”实践，这两种创新的主体、内容以及目的都不相同，应该分别分析。第二，相关研究较少把新零售与之前的零售业态创新结合起来构建统一的理论解释框架。如果把新零售与之前的零售业态创新割裂开来，仅就一次改变阐述创新性，那么下次创新又从新的视角解释，这种创新判断就缺乏普遍规律。第三，缺乏可以解释所有零售业态创新的理论框架。对零售业态创新基础理论的文献回顾表明，目前仍缺少能够解释所有创新类型的理论框架，每一个模型都有解释不了的零售业态新现象，如果要建立包含新零售创新机理的统一框架，首先需要发现零售业态创新的一般规律。

4. 流通业创新研究

A－U 理论常被用来解释流通业技术创新的动态变化过程。郑淑蓉（2007）以 A－U 理论为基础，阐述了技术创新对流通业产品创新、流程创新以及业态创新（组织创新）的推动过程，认为技术创新是流通业发展的关键动力，并就如何推动流通业技术创新提出了对策建议。张弘（2009）认为技术创新是流通产业发展重要推动器，不仅可以直接应用于流通业，还可变革生产或者消费，间接推动流通业创新。以 A－U 理论为基础的流通业技术创新研究认为流通业技术创新是外生的，其依赖于外部技术进步或者技术变革。

随着技术创新发展变化，各时期流通技术创新研究热点不尽相同。钱德勒（Chander，1977）详细阐述了 20 世纪初期运输（铁路）、通信（电报公司）技术革命如何使大型零售商迅速发展，批发企业被广泛取代。20 世纪 80 年代以来，随着电脑普及，射频识别技术（简称 RFID）得到广泛应用，林明锦等（Lim 等，2013）综述了 1995—2000 年批发业 RFID 的应用发展。21 世纪以来，流通技术相关研究主要集中在技术通信以及通讯技术（伊藤和昭浩，2017）、互联网技术（金万富，2018；黄雨婷和刘向东，2016；李骏阳，2015）和大数据技术（李飞等，2018；汪涛武和王燕，2018；Duman，2017）。

学者从产业组织视角对流通组织创新展开研究。金永生（2003）认为流通组织创新是市场结构向有效竞争优化的过程，表现为组建大型商品流通集团。还有些学者认为流通创新是流通组织的形态变化，不仅包括集中、分散带来的流通产业内组织创新，还有融合、协作推动的产业间组织创新（崔向阳，2015；丁宁，2014；徐从才和原小能，2008）。刘卫锋和但承龙（2009）认为如果一种新的流通产业组织形式能比当前更节约交易费用，流通产业组织就实现了创新，其中搜寻费用、空间费用以及存储管理费用是流通过程中主要的交易费用，信息化和连锁化是流通产业组织创新的方向。斯旺（Swan，1974）运用帕森斯和斯梅尔塞（Parsons 和 Smelser，1956）构建的产业系统变革模型阐述流通渠道创新如何以解决问题为主要目的。每当外部环境变化带来新问题时，解决这些问题就是渠道创新，而促进资源有效配置的组织创新并不是渠道创新的主要类型。崔向阳（2015）以马克思流通时间理论为基础，使用流通时间作为流通组织创新判定标准，例如节约采购时间的农超对接、节约销售时间的超级市场和产销一体化都是流通组织创新。李冠艺和徐从才（2016）将流通产业组织结构界定为一种制度安排，流通产业内部层级效率提升或者产业外部性的扩大都表明产业组织结构优化。互联网时代，流通产业组织内部层级从去中间化到再中间化再到融合化推动效率不断提升，网络零售平台具有规模报酬递增性，因此不论以内、外哪个标准判定，电子商务都是流通组织创新，其中跨境电商由于具有更强的外部性成为流通组织创新的趋势。刘子卉（2017）分析了流通先导背景下流通组织创新呈现出的生产性活动增加特征，相应的组织创新模式表现为流通业向农业、制造业、物流业以及其他服务业延伸。

流通业技术创新研究经历了从外生视角到内生视角的转变，流通业技术创新与非技术创新协同演进规律值得探索。但不论哪种视角，流通业创新都以降低流通成本和缩短流通时间为目标，完善流通过程。

1.3.3 零售业创新测度研究

与加速推进的零售业创新实践相比，零售业创新的规范研究进展较慢，原因之一就是零售业创新测度难题。从已有文献看，主要数据来源是问卷调查或者上市企业数据，学者依据研究目的分别构建零售业创新测度指标。潘塔诺等（Reynolds 等，2008）首次利用 CIS 调查数据分析了发达国家零售业创新水平，结果表明英国等国家的零售业创新数量已接近所有产业的平均水平，零售业不是缺乏创新的产业。近年来，国外学者开始尝试使用专利指标测度零售业创新水平。潘塔诺和斯蒂法诺（Pantano 和 Stefano，2017）运用文本挖掘法在美国专利数据库 2010—2014 年数据中筛选出含有“零售”信息的专利，结果表明专利主要集中在支付系统、信息与产品陈列、购物体验、信息搜寻以及其他（如导购系统）五个领域。帕克（Park，2018）利用世界知识产权检索（简称 WIPS）提供的财政数据梳理了韩国物流和批零企业的专利申请数量、专利注册数量和专利报价三个指标，分别衡量物流和批零企业技术创新的意愿、强度以及质量，结果表明后两者对企业绩效提升有显著影响，而专利申请数量影响不显著。帕特尔和皮尔斯（Patel 和 Pearce，2018）认为，除了专利知识版权，注册商标也体现着零售业创新。赵霞和徐永锋（2017）以 2010—2015 年上市公司数据为样本，探讨了零售业网络渠道创新的效应。徐建和汪旭晖（2011）认为零售业有组织管理创新、自有品牌、业态创新以及服务创新四种创新活动，并通过问卷调查获得了辽宁省零售业各创新活动的具体指标。赵彦云和谢蕾蕾（2008）依据 2002—2006 年北京市统计局商业普查数据，计算了北京零售业的技术进步率。

流通业创新实证研究较少使用描述产业创新行为的指标，多使用创新绩效作为替代指标，这与缺少流通业创新行为统计数据有关。零售业全要素生产率是最常用的测度指标。李晓慧（2011）运用 Malmquist 指数方法测算了中国流通业全要素生产率增长状况，并将其分解为技术效率变化和技术进步。胡宗彪和朱明进（2016）运用序列 DEA – Malmquist 生产率指数法，避免了技术退步的影响。柳思维和周洪洋（2018）运用超效率 SBM – DEA方法和 Malmquist 指数进行了测度及区域比较。有些学者基于流通业创新绩效，构建指标体系测度流通业创新水平。荆林波（2013）针对我国流通业效率存在的问题，认为流通业有必要在体制、机制以及模式三个方面进行创新，创新绩效体现在产业人均年销售额、产业单位面积营业额、产业人均年毛利、库存周转率、总资产周转率以及流动资产周转率六个方面。杨海丽（2013）认为流通创新是流通功能整体进步，并运用流通规模、流通结构以及流通效率三个指标使用熵权系数法构建流通创新指标体系。杨海丽（2014）补充完善了该指标体系，增加了流通生态发展指标和流通环境改善指标。丁宁等（2013、2014）认为组织化、信息化和专业化是流通业创新的三种不同路径，并构建了商贸服务业技术进步指数、全要素生产率以及规模效率指数测算流通业组织和技术创新水平。司增绰（2015）从产业间视角分析了流通业创新要提升自身与其他产业关联程度，在文中使用了零售批发业与服务业各产业（平均值）最初投入结构系数比、中间投入率比、中间使用率比、最终使用率比等指标描述批发与零售业发展变化。张一思（2016）借鉴自主创新理论的研究成果构建了流通产业创新能力评价体系，选取了流通产业经济基础、基础设施、社会服务水平、科技文化水平、市场开发程度和政府支持力度等指标，使用AHP分析法进行测算。杨水根、王露（2018）使用零售连锁网点营业面积、批零业限额以上库存率、批零比率、劳动生产率、信息化水平五个指标分别代表流通业的规模创新、效率创新、渠道创新、结构创新与信息化创新。还有一些学者应用工业创新研究中常用指标或者采用问卷调查、案例分析等方法获取流通业创新行为数据。冯健（2015）利用专利管理地图研究我国物流产业冷链技术的创新水平，分别使用了专利申请数量、专利类型趋势、专利地域分布和专利权人分布四个指标。专利法无法衡量流通行业中广泛存在的非专利创新。

虽然零售业技术密集程度越来越高，但技术创新并不是零售业创新的唯一方式。国内学者较为全面地展示了零售业各创新类型，但研究通常以问卷调查、上市零售企业或者连锁零售企业为样本，样本选取口径较小。国外学者相关研究重视样本普遍性，多使用全产业作为口径，但拘于统计数据缺乏，选用专利数据库展开分析。能否同时借鉴国内学者“全方位”与国外学者“宽口径”的研究所长，充分体现“零售业创新”内涵，需要进一步探索。

1.3.4 零售业创新的经济效应研究

1. 零售业创新对消费的影响效应研究

零售业服务创新方式或水平的发展变化都会对消费产生影响。柯林（Colin，1997）认为，零售业创新能够吸引外地消费，同时还会抑制本地消费外流，并分别分析了购物中心业态创新和法国啤酒零售业选址创新对消费的促进效应。李明芳等（2012）分析了零售业退货服务对消费者满意度和忠诚度的影响。张昊（2016）将购物成本引入效用函数，分析零售业区位服务对于消费增长的影响，由于消费者在优质商品和购物成本之间权衡，高水平区位服务形成的低购物成本能够增加消费。田俊峰和田劲松（2016）构建了消费者与零售商间的博弈模型，探讨定价创新对于促进消费的影响，发现对于图书、音像等试用期较短的商品，产品与物流的分割定价更能促进消费。李子文和刘向东（2017）以“服务—满意度—消费行为”分析框架为理论基础，通过问卷调查分别探究了零售商的品类、交付、信息、区位、环境五种分销服务对消费行为的影响，结果支持期望失验理论假设，并建议零售商加强影响消费者满意度的分销服务水平以促进单次购买额增加。从现有文献看，学者以消费者满意度或者效用水平作为关键变量探讨零售业创新对于消费的促进机理，通常以管理学为基础理论的研究多使用消费者满意度概念，而以经济学为基础理论的研究多使用效用水平概念。虽然理论基础不同，但数理分析和计量分析的结果大都表明消费者满意度或效用是零售业创新影响消费的重要中介变量。

国内学者在论述流通业创新对消费影响时，通常是基于概念模型阐述流通业创新在推荐消费、反馈消费、方便消费方面发挥的作用，并通过计量模型对假设进行检验，实证分析通常选取流通业规模、效率、结构、信息化等指标（杨水根和王露，2018；丁超勋，2017；王世进，2015）。张先轸（2013）以生产和消费的分离为起点，阐述了流通业节约搜寻成本、提高商品质量、改造购物环境和降低退货成本的微观基础。

2. 零售业创新对产出的影响效应研究

马克思的纯粹流通费用理论表明，商业部门的买卖活动影响生产部门的价值创造。纯粹以商品买卖为目的的活动，虽然不创造价值，但有助于缩短流通时间，加速产业资本周转，增加剩余价值。

西方经济学中，流通业对生产部门的影响效应研究通常以投入产出理论、博弈理论以及一般均衡理论为基础。吉姆贝和沃克（Gmbel 和 Walker，1988）运用迂回生产理论研究生产性服务业发展，发现流通业通过组织和技术创新能够为生产商提供更多服务。吴瑾和宇植（Wujin 和 Woosik，1994）构建了一个包含厂商、流通商和消费者的博弈模型，其中如果流通商进行投资建立了优良的声誉，则会出现最优效率的分离均衡，所有高质量厂商将通过声誉良好的零售中介销售商品。勃洛克等（Braak 等，2013）发现零售商的自有品牌创新会对制造商造成不利影响：零售商利用信息不对称优势，模仿制造商的畅销品设计与生产自有品牌，并最终取代制造商的品牌，但这种行为会受到制造商品牌效应和产品研发投资规模约束。张先轸等（2014）在构建生产、流通和消费的一般均衡模型时，认为流通部门向生产部门提供运输、存储、包装等各种增值服务，实现产品从生产到销售的“惊险一跳”；增值服务系数表明更多中间产品进入最终消费，该模型还考虑了流通产业垄断对生产与消费的不利影响。

1.3.5 研究述评

依据所研究的问题，对零售业创新相关文献梳理后发现：零售业创新表现为服务创新、流程创新和组织创新等形式；A－U 理论和“新零售之轮理论”认为技术创新是原动力，它推动新零售业态产生与发展；各创新之间呈现周期性变化，“零售之轮”“真空地带”以及“大中间地带理论”对零售业态创新周期性变化展开分析，发现创新表现为服务与成本的不同组合；新零售的特征是“泛”，主要体现为“线上＋线下”；零售业创新测度的数据来源按照样本容量从少到多依次有问卷调查、上市零售企业以及限额以上零售企业，研究选取的指标有创新程度量表、成本财务指标、利润财务指标、全要素生产率、数据包络分析法（简称 DEA）测算的效率、产业规模以及投入产出系数等，其中通过问卷调查获得的数据与零售业创新内涵相符，代表了零售业创新行为，而其余大部分指标测度的是零售业创新绩效；零售业创新影响消费的机理体现为服务水平提升促进单笔消费金额增加及消费次数增长，管理学把消费者决策作为中介变量，而经济学研究中常以消费者效用作为中介变量；零售业创新对生产的影响有声誉机制、专业化和信息先导等机理。

学者对零售业创新做了全面的研究，本书认为基于已有研究，还可以在以下四个方面继续深入：第一，以创新理论为基础，阐述零售业创新内涵。创新理论是零售业创新的重要理论基础，当前研究中缺乏以创新概念为基础的“产业创新”概念界定，对产业创新的清晰界定能够解决“零售商创新”和“零售业创新”的区别与联系问题。第二，进一步探讨零售业态创新机理。已有研究中零售业态创新基本理论各有不足，缺少能够统一解释从百货商店、超市、连锁经营、电子商务再到新零售等零售业态变革的理论框架，缺少对于核心变量“服务”和“成本”的进一步细分。第三，完善与零售业创新内涵相一致的测度指标。从指标选取看，当前研究由于数据来源有限，多使用产业投入或产出数据等绩效指标作为零售业创新测度指标。然而产业绩效受多种因素影响，创新只是其中之一。相比于绩效指标，行为指标更符合创新内涵。从指标构成看，全面梳理零售业各创新类型的研究不多，缺乏基于所有创新类型的指标体系。第四，运用主流经济学理论规范分析零售业创新经济效应。已有研究多分析单一创新类型的经济效应，对零售业各种创新经济效应的全面分析较少；研究多以市场营销理论为基础，与经济学理论联系不强，需要运用主流经济学规范分析和实证分析方法，在消费理论、生产理论中找到定位，促进研究的规范化和实证化。

1.4 研究思路、内容和方法

1.4.1 研究思路

本书研究我国零售业创新的经济效应。对这个问题的探讨，分为三个环节，首先要探讨零售业创新内涵和内在规定性，其次分析零售业创新如何测度，最后分析零售业创新的产业经济效应和宏观经济效应（见图1－1）。

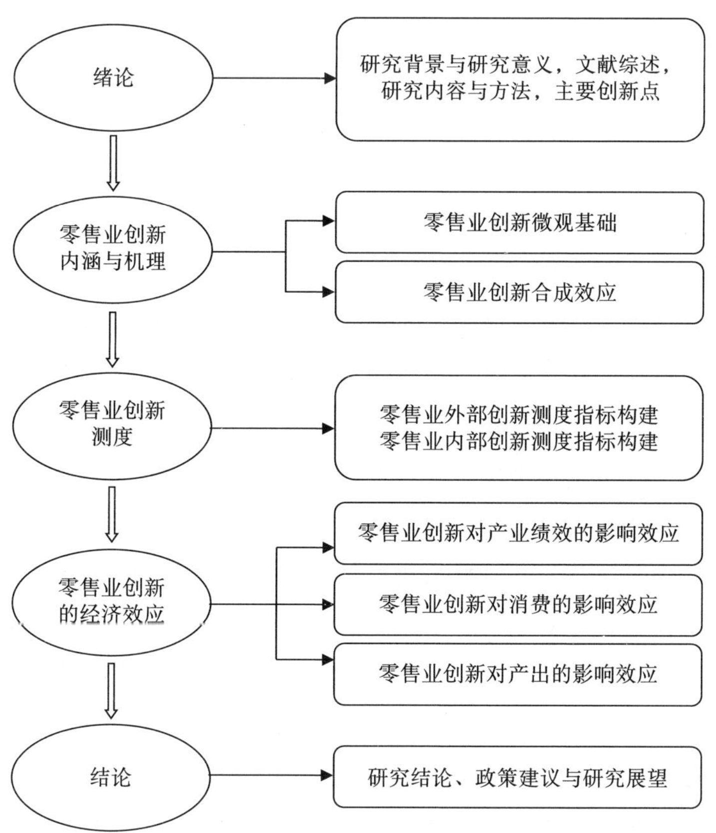

图1－1 本书研究思路

在研究背景、文献综述后，首先基于创新理论、产业竞争理论、流通经济理论先后构建零售商内、外创新模型和基于其的零售业内、外创新模型，分别阐述零售业创新的内涵和它的微观、中观机理。其次，依据零售业创新内涵，运用国家统计局新近开展的全国企业创新调查统计数据和上市零售企业年报披露的创新实践，提出零售业内部创新测度指标和零售业外部创新测度指标构建假设，使用验证性因子实证方法，并分析我国零售业创新在结构、时间和区域方面的差异。再次，研究零售业创新对零售产业绩效、消费和产出的经济效应，其中产业绩效效应是零售业创新实现消费增长效应和产出增长效应的前提条件。最后是本书研究结论及展望。

1.4.2 研究框架与内容

本书的研究框架与内容分七个章节。

第1章是本书的引言，主要阐述本书的研究背景和研究意义，梳理分析国内外零售业创新机理、测度以及经济效应的重要文献，发现现有研究不足之处，并对本书研究思路、研究内容和研究方法进行概括总结，最后提出本书的创新之处。

第2章为零售业创新内涵和机理。本书研究我国零售业创新的经济效应，对这个问题的探讨要从探讨零售业创新内涵和规律开始。首先，基于创新理论和产业竞争理论建立从微观到中观的产业创新分析框架；其次通过零售商内、外创新模型阐述零售业创新的微观基础；再次探讨从零售商创新到零售业创新过程中的合成效应，最后构建零售业内、外创新数理模型求解零售业新生产函数，并采用比较静态分析法分别分析零售业内部创新、零售业外部创新对零售业实际产出的影响。

第3章测度零售业创新。根据零售业创新内涵和零售业创新测度指标构建原则，利用新近开展的全国企业创新调查统计数据，选取零售业实现服务创新企业占比、零售业实现工艺创新企业占比、零售业实现组织创新企业占比、零售业实现营销创新企业占比四个统计指标，依据指标含义及上市零售企业年报披露的企业创新实践，提出零售业创新测度指标构建假设，利用依申请公开制度从各省统计局获得统计数据，使用验证性因子方法检验指标构建合理性。接着，测度了我国零售业创新水平，并对我国零售业创新类型、时间以及区域差异进行比较和成因探讨。

第 4 章研究零售业创新对零售产业绩效的影响效应。基于零售业创新的合成放大效应和合成谬误问题，分别探讨零售业各创新对零售业市场结构优化和零售业全要素生产率的影响机理，运用面板数据计量方法进行实证。通过研究，得出当前零售业各创新的主导合成效应，增强后续消费经济效应和产出经济效应研究的解释力和严谨性。

第 5 章研究零售业创新对消费的影响效应。基于消费理论和二元增长理论，构建消费二元增长概念并对成因展开分析。分别阐述零售业外部创新对消费扩展增长的影响机理，零售业内部创新对消费集约增长的影响机理，结合零售业创新对产业绩效的研究结论，提出相关假设，使用面板回归模型实证零售业各创新对消费的影响方向和程度。

第 6 章研究零售业创新对产出的影响效应。在对经济增长理论进行回顾的基础上，把零售业创新影响产出增长的机理落到生产者的商品需要和收入需要两个方面，然后以动物精神、交易外部性理论等为支撑，阐述零售业外部创新促进劳动者商品需要的机理、零售业内部创新满足收入需要的机理，将零售业内部创新和零售业外部创新引入一般均衡模型，规范分析零售业创新对产出的影响效应。

第 7 章基于促进消费和产出增长，提出发挥零售业创新经济效应的对策建议。总结本文的主要研究结论，并根据不足之处进行研究展望。

1.4.3 研究方法

1. 规范研究方法

本书应用创新理论、产业竞争理论和流通经济理论构建了零售商内、外创新模型及以其为基础的零售业创新数理模型，运用比较静态法分别规范分析零售业外部创新、零售业内部创新对零售业实际产出的影响。定义了消费二元增长概念，规范分析零售业创新对消费的影响效应。应用交易外部性理论，构建了一般均衡模型规范分析零售业创新对产出的影响效应。

2. 实证研究方法

依据零售业创新测度指标构建假设，使用验证性因子分析法，建立结构方程模型对假设进行检验；利用 ROST CM6 中文专利分析软件，运用图谱分析法发现零售业创新类型在不同时期的热点及演进特征；依据零售业创新影响产业绩效的假设构建面板回归模型，采用解决截面异方差问题的标准误回归方法（SCC）和可行广义最小二乘法（FGLS）回归方法对假设进行实证检验。依据零售业创新影响消费的假设，构建面板回归模型，采用标准误回归方法（SCC）对假设进行实证检验。

3. 比较分析法

本书对我国零售业创新现状进行了结构、时间和区域比较分析，总结了当前我国零售业创新特点。

1.5 论文创新之处

本书以创新理论、产业竞争理论、流通经济理论等为基础，较为全面和系统地分析零售业创新的经济效应，在以下三个方面进行了拓展性研究。

1. 明确了零售业创新的内涵及其在微观和中观层面的机理

零售业创新概念虽然被普遍使用，但很少有专门的界定与解释。本书基于熊彼特对创新的定义，将零售业创新界定为零售商创新及其扩散形成零售业新生产函数的过程。作为零售业创新的微观基础，零售商内、外创新模型将已有零售业态创新理论中的服务变量，细分为面向消费者的服务和面向生产商的服务，拓宽了服务创新的维度，新增了双边服务冲突及由此推动的零售商外部创新。零售业内、外创新数理模型阐述了零售业创新的合成放大效应和合成谬误问题。

2. 基于新指标、新数据测度了零售业创新

零售业创新有多种类型，当前关于零售业创新测度的研究文献多使用绩效指标和专利指标，绩效指标难以分离出各创新类型，专利指标主要代表技术创新水平，有一定局限性。本书选取国家统计局新近开展的全国企业创新调查数据，结合统计指标解释和部分上市零售企业年报（2016—2019年）披露的创新实践，提出零售业创新测度指标构建假设，并使用验证性因子方法检验假设。

3. 从新视角系统考察了零售业创新的经济效应

在产业绩效分析中，探讨了零售业各创新对零售产业绩效优化的影响。在消费效应分析中，构建了消费二元增长新概念并分析了零售业各创新对消费二元增长的影响机理。在产出效应分析中，以交易外部性理论为基础阐述零售业创新和买方市场势力如何对生产性劳动及产出增长产生影响，使零售业创新和劳动力、资本、技术进步的主体发生直接联系，较具根源性。

第 2 章

零售业创新内涵与机理

对零售业创新的经济效应研究，首先需要厘清零售业创新的内涵和机理。以创新理论为基础，如何界定产业创新？该概念如何与流通经济理论相结合，体现零售业创新内涵和机理？该机理如何阐述零售商创新与零售业创新的区别与联系？对包含新零售在内的所有零售业态变革解释力如何？本章通过对以上问题的研究，依次解决零售业创新内涵界定和它的微观、中观机理问题，为零售业创新水平测度和经济效应分析奠定基础。

2.1　概念界定

2.1.1　零售商和零售业

在我们的实际生活中，零售、零售商和零售业在一定程度上存在混同使用。学术研究中也对这三个概念存在混同或边界不清的情况，势必影响研究的价值，因而有必要厘清研究范围涉及的概念界定。

“零售（retailing）”一词源自法语动词“retailer”，意思是“切碎（cut up）”。从词性看，零售是动词，表示动作、行为过程，因而零售是一种活动。从词义看，主要存在两种观点：一些学者强调“切碎”的过程，即把分散、零星出售作为零售活动的主要特点（肖怡，2002），还有一些学者着重“切碎”的目的，认为零售是面向个人和家庭销售最终产品的活动（Michael 和 Barton 2004）。这两种观点并不冲突，因为最终消费者需求通常都是分散和小规模的，零售就是迎合消费者分散、零星消费需求的活动。从事零售活动的经营者可以是专门的零售商，也可以是设有零售部门的生产商。

零售商（retailer），是指那些销售量主要来自零售活动的商业企业和个体商户。近年来，随着连锁经营不断发展，部分夫妻店等个体商户通过加盟、连锁成为总部零售企业的零售分店，由总部零售企业赋能，在其统一的业务模式下从事零售经营、开展创新，并且其经营数据是所属零售企业统计数据的构成部分，因而本文把存在加盟和连锁行为的个体零售商户看作其所属零售企业组成部分，而零售商就是指零售商业企业和独立自主经营的零售个体商户。

零售业（retail industry）从产业组织理论内涵上可以定义为提供零售服务的企业集合，包括零售市场所有从事零售活动的经济主体，既有从事零售活动的生产商，也包括从事零售活动的批发商和专门从事零售活动的零售商。从行业或部门定义，零售业就是专门从事零售活动的零售商集合。

本书以零售业“一端连着消费，另一端与生产商的联系日益密切”为研究起点。零售业是独立于生产、制造部门的专门行业，因而在本书中是行业范畴，即零售业是专门从事零售活动的零售商集合。零售业有业态①、业种②等分类标准，这些分类把零售业分为适合不同市场需求的部门，每个部门内部的零售商在价格和服务两个方面展开竞争，不同业态、业种间也存在一定的价格和服务竞争。

2.1.2 创新、企业创新和产业创新

创新一般认为源于熊彼特（Schumpeter，1912）在《经济发展理论》中的论述，即创新就是把生产要素和生产条件的“新组合”引入生产体系，即“建立一种新的生产函数”。这种“新组合”包括五个方面：（1）引入新的产品或产品新的特性；（2）采用新的生产方法；（3）开辟新的市场；（4）获得原材料或半成品的新供给来源；（5）实行新的企业组织形式。熊彼特对创新的概念界定受到认可，在创新理论研究领域得以延续。20世纪五六十年代，索洛（Solow，1956）把中性技术进步引入新古典生产函数，强调创新对经济增长的影响。20世纪80年代，以罗默（Ro-

---

① 《零售业态分类标准》（GB/T18106—2004）。

② 《2017年国民经济行业分类》（GB/T 4754—2017）。

mer，1986、1989）、卢卡斯（Lucas，1988）为代表的内生经济增长理论在新古典生产函数中引入人力资本投资、知识积累和研发外部性，形成新的新古典生产函数。创新理论的源头及后期发展表明，创新就是“建立新生产函数”，本书沿用此概念界定企业创新和产业创新。企业创新是指建立了企业新的生产函数，而产业创新是指建立了产业新的生产函数。

关于生产函数，新古典生产函数理论界定其为生产投入品与最大可能产出间的对应关系，而生产函数应用研究（Solow，1956；易纲等，2003）通常使用实际投入和实际产出数据。对于最大产出和实际产出的差异，马歇尔（Marshall，1898）在其著作《经济学原理》中做了特别说明，认为“就短期而论，现有生产设备的数量实际上是固定的，但利用率却随着需求而变化”①，“但在长期中，生产所需要的设备数量是根据对这些设备的需求量进行调整的”②。马歇尔基于长期和短期视角对需求和供给均衡的阐述表明，企业会把生产函数调整到适应需求的形式，实际产出受到生产技术和市场需求的共同影响。本书是对创新的全面研究，既包括生产技术创新，也包括扩大市场需求的产品、市场等创新，因而本书使用实际产出概念构建生产函数。

新古典经济学家马歇尔在熊彼特之前就在著作《经济学原理》探讨了“发明”和“改良”对财富增长的作用。他从资本价值出发论述财富的增长问题，认为在近代之前并没有什么高价形态的辅助资本，直到 18 世纪英国资本价值涨得快了，导致各生产部门相继用高价的机械迅速代替廉价的手工用具。特别精明强干的厂商会比其竞争对手使用更好的方法和机器，同时也会更妥善地安排企业的产销，并使二者保持正常的关系，用这两种方法，他们扩大了自己企业的规模。由此可见，企业资本价值提升和妥善安排企业产销共同促进企业财富持续增长，如果企业只强调提升资本价值而不注重扩大需求，使得需求与增加的供给同比例增加，那么企业也不会

---

① 阿尔弗雷德·马歇尔著．经济学原理［M］．朱志泰译．北京：商务印书馆，2005：307.

② 阿尔弗雷德·马歇尔著．经济学原理［M］．朱志泰译．北京：商务印书馆，2005：309.

扩大实际产出。就企业建立新生产函数而言，能够带来实际产出持续增长的创新因素包括：（1）企业降低成本的创新，即企业寻求支出最小化约束下的产出最大化，会按照成本最小化原则改进要素组合和生产条件，提高实际产出水平；（2）企业扩展市场的创新。企业实际产出不仅受产能约束，还受市场需求影响，企业实际产出增长还依赖于扩展市场的创新。胡雅蓓和张为付（2015）在应用世界银行调查数据进行研究时，把产品创新和营销创新作为扩展市场的第一类创新，把流程创新和工艺创新作为降低成本的第二类创新①。

产业生产函数是产业内企业生产函数的集合，即：

$$Y = \sum_{i=1}^{n} y_i \tag{2.1}$$

上式中，Y 为产业实际产出水平；y_i 为行业中第 i 家厂商的实际产出水平。就产业生产函数而言，能够带来产业实际产出变化的创新因素包括：（1）企业创新，即构成产业微观基础的企业因创新带来的实际产出（y_i）的增长；（2）企业创新扩散，即行业中创新企业数量增长。产业创新就是企业创新及其在产业扩散过程中建立产业新生产函数的过程。

2.1.3 零售商创新与零售业创新

零售商创新，是指零售商把一种从未有的生产要素和生产条件的新组合引入生产体系，从而建立零售商新生产函数。能够带来零售商实际产出增长的创新因素包括：（1）零售商降低成本的创新，即零售商按照成本最小化原则引进新的要素或改进要素组合，改变自身的供给曲线；（2）零售

---

① “第一类”和“第二类”在经济学中的含义与“社会必要劳动时间”有关。学者在阐述马克思政治经济学价值转型理论时，使用了“第一种含义的社会必要劳动时间”和“第二种含义的社会必要劳动时间”两个概念。“第一种含义的社会必要劳动时间”，是指在现有的社会正常的生产条件下，在社会平均的劳动熟练程度和劳动强度下，制造某种商品所需要的劳动时间。“第二种含义的社会必要劳动时间”是指被市场所承认的劳动时间。由定义可以看出，“第一种”（第一类）和生产条件等供给因素有关，“第二种”（第二类）和市场需求有关。作者使用的“第一类创新”和“第二类创新”表述，可能来源于此理论。

商扩展市场的创新，即零售商为了扩大市场需求而引进新的要素或改进要素组合，改变了自身的需求曲线。

零售业创新，是指零售商创新及其在产业扩散建立零售业新生产函数的过程。引起零售业生产函数变化的创新因素有：（1）零售商创新，即零售商实施节约成本创新或者扩展市场创新促进零售商实际产出增长；（2）零售商创新扩散，即零售商节约成本创新的扩散或者扩展市场创新的扩散促进零售业实际产出增长。

现有研究零售业创新的文献中“零售创新”“零售商创新”“零售业创新”三个概念互换使用，为了严谨，本研究有必要对这三个概念进行比较，进一步明确各概念具体含义及之间的区别和联系，这样既可以避免混淆和争议，又使相互借鉴更加严谨可靠。零售创新，是指零售活动的创新。在熊彼特的五种创新类型中，第二种是“采用一种新的生产方法，也就是在有关的制造部门中尚未通过经验检定的方法”，“并且，也可以存在于商业上处理一种产品的新的类型之中”。可见，零售活动创新与生产活动创新一样，是一种流程创新，属于零售业创新类型之一。零售商创新的内涵很明确，就是微观层面零售商的创新活动，既有熊彼特意义上的五个方面，也包含现代意义上的客户关系、内部治理以及环境方面的创新。零售业创新是零售产业（部门）中零售商创新活动集合形成的零售业新生产函数。零售商创新基于一个企业而言，而零售业创新既涵盖各种类型的创新，又包括所有创新零售商，可以分别探讨各创新类型间的互动关系和企业间的互动关系。零售业创新不但涵盖了所有创新零售商，而且包括了创新零售商之间的交互活动和竞争活动。因而，本章遵循从微观到中观的分析框架（见图2-1），首先探讨零售业创新的微观机理，然后分析零售商创新在产业的扩散过程，阐述零售业创新的中观机理。

2.1.4　经济效应

经济原本是希腊语中的一个词汇，原意是指对家庭事物的管理，特别是指对家庭收入的供应与管理。由于在财富的取得和使用中，至关重要的

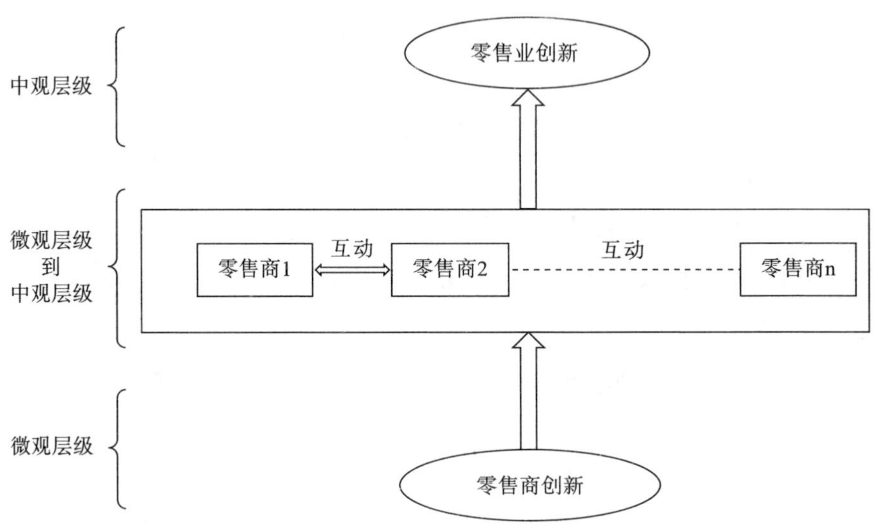

图2-1 零售业创新从微观到中观的分析框架

是要避免劳动及其产品的浪费，所以“经济”在现代语言中通常是指，用尽可能少的支出取得所希望达到目的的原理和方法。

本书对零售业创新经济效应的研究，主要包括两个方面。一方面，研究零售业创新对本产业收入产生了哪些影响，即研究零售业创新促使零售业避免劳动或产品浪费的原理和方法。另一方面，研究零售业创新对国民收入产生了哪些影响。国民收入从支出角度看，有消费、投资和出口三类需求，目前我国最终消费支出对国民收入的贡献率已近接近80%，消费是总需求的主要组成部分和拉动经济增长的第一动力，因而本书从国民收入方面探讨零售业创新对消费的影响。国民收入从供给角度看，重点在于通过提高生产动能来刺激经济增长，因而本文从国民收入供给角度探讨零售业创新对生产动能的影响机理。总需求对于国民经济收入具有稳定器功能，而总供给则关乎长期国民收入增长问题，这两个方面对于当前我国经济建设和发展都具有重要意义。

2.2 产业创新理论基础

企业是创新的主体，各创新企业的集合形成了产业创新。产业不是所有企业的简单相加，而是企业间互动产生的。正是这种互动使得产业超越企业，一方面提供了竞争环境，即竞争压力推动企业产生创新意愿，另一方面提供了学习环境，即模仿、合作等学习互动为企业创新创造了知识基础。创新在产业环境中持续深入发展，经济学家对这个过程展开了研究。

2.2.1 马歇尔的产业创新思想

新古典经济学家马歇尔早于熊彼特，在其著作《经济学原理》探讨了“发明”和“改良”对财富增长的作用。他从资本价值出发论述财富的增长问题，认为在近代之前并没有什么高价形态的辅助资本，直到18 世纪英国资本价值涨得快了，并且导致各生产部门相继用高价的机械迅速代替廉价的手工用具。

资本价值会在企业和产业两个层面上促进财富增长。从企业层面看，“特别精明强干的厂商会比其竞争对手使用的方法和机器都好”，同时“他也会比较妥善地安排企业的产销，并使两者保持正常的关系”，“用这两种方法，它将扩大自己的企业”。由此可见，企业资本价值提升和妥善安排企业产销共同促进企业财富增长，如果企业只强调提升资本价值而不注重扩大需求使得需求与增加的供给同比例增加，那么企业也不会扩大。资本价值提升促进市场扩大，因而企业从“分工和社会专门化中获得较多的利益。这样他将获得报酬递增”。如果他只是许多生产者中的一个，那么他所增加的产量实质上不至于使得商品价格下降，而大规模生产的经济利益几乎全部归他所有，这样企业因资本价值提升还会获得报酬利润。但是，“如果这种改良不局限于一两个生产者”甚至“全行业都可得到机器和方法的改进，或者由于辅助工业的发展和‘外部’经济的普及”，“那么产品的价格会接近于只能为该工业提供正常利润的一点”，使得“行业往往倾向于转为新的一类，其正常价格低于原来所属的那一类”。在此过程中，随着提升资本价值企业占比增长，如果每个企业都能做到产销平衡，那么产业产出不断增长，带来价格下降，产业利润减少，即出现产业层面的“报酬递增”，而没有“报酬利润”。

马歇尔运用资本价值概念阐述了企业财富增长对产业财富增长的促进作用，而产业财富增长对企业财富增长也存在外部经济效应。马歇尔对经济类型的划分探讨了企业经济与产业经济的关系。“任何一种货物的生产规模扩大所产生的经济分为两类，一类有赖于工业总体发展带来的外部经济，另一类有赖于从事此工业的个别企业资源及其经营管理效率的内部经济”。马歇尔列举了许多内部经济，其中有“专门的机器设备”这种高价值资本形态，还提到“超乎平常人热诚和能力的下属”、正确的人力资本配置、改良方法等后续被视为创新的形式。同时，总的生产规模扩大伴随着代表性企业规模增加，因而会增加“其所有的内部经济”，使之能花费比之前少的劳动和代价来制造货物，即存在“产业增长—企业规模扩大—新的内部经济”的产业财富促进企业财富增长机制。

2.2.2 熊彼特的产业突变理论

熊彼特在著作《经济发展理论》（1912）中运用创新理论分析了经济周期的形成和特点。他认为经济过程可以分成三个不同的类型：循环流转过程、发展过程和阻碍发展不受干扰的过程，其中发展过程呈现经济上升的特征。新组合的成群出现，很容易并且必然地解释了繁荣时期的基本特征。可见，经济发展的原因为新组合出现和成群扩散。根据熊彼特的论述，企业在循环流转状态下，没有创新，没有发展，企业总收入等于总支出，因而不产生利润，生产管理者所得到的只是“管理工资”。企业家为了获得“企业家利润”引进“新组合”，一个或者少数几个企业家的出现促使其他企业家出现，于是又促使更多的企业家不断增加。这是因为，如果一个或少数人成功地前进，困难消失，于是其他人便会在成功的鼓舞下步入这些先驱者后尘。由于未知数据障碍逐渐被扫清，跟随创新进程变得更加容易，直到“创新”为人们所熟悉，并且成为一种自由选择的事情。熊彼特在《资本主义、社会主义和民主主义》（1943）借用生物学上的术语，把那种“不断地从内部使这个经济结构革命化，不断毁灭老的、又不断创造新的结构”的过程，称作“产业突变”（industrial mutation），并认为“这个创造性毁灭的过程”（process of creative destruction）就是关于经济周期本质性的事实。熊彼特的经济周期理论存在“企业家—产业突变—企业家成群出现—经济发展”的经济繁荣运行机制。

2.2.3 鲍莫尔的产业创新理论

经济学家威廉·鲍莫尔（William Jack Baumol）主张自由竞争的市场政策，在产业组织研究领域提出了著名的可竞争市场理论，还对文化产业发展理论、经济增长理论等多个领域有着丰富而深入的研究，并在2014年获得诺贝尔经济学奖提名。他曾多次系统地将创新创业研究引入主流经济学领域，出版了一系列创新创业经济理论的著作：《企业家精神》（武汉大学出版社，1993）、《资本主义的增长奇迹——自有市场创新机器》（中信出版社，2002）、《创新：经济增长的奇迹》（中信出版社，2016）、《创新力的微观经济理论》（格致出版社，2017）。绝大多数学者一直将价格竞争视为增长背后的驱动力，鲍莫尔在这些著作中却独辟蹊径，认为增长背后的推动力是以下三个方面的结合，即企业内部系统化的创新活动、一个创新行业中的所有企业在生产新产品和创建新工艺的过程中都争先恐后地竞争和企业之间在创造和运用创新上的协作（鲍莫尔，2016）。由此可见，鲍莫尔的产业创新理论蕴含着企业竞争和企业协作的思想和视角。

典型的资本主义经济与所有其他经济体系明的差别就是自由市场中存在的压力迫使企业不断进行创新，因而资本主义创造了异乎寻常的经济增长纪录（鲍莫尔，2002）。与熊彼特的完全复制理论中模仿者假设不同，鲍莫尔认为那只是一种罕见的特例，由于专利限制、创新者成功的保密以及竞争性斗争，模仿者获得胜利的唯一机会就是提供一种改进或者更便宜的产品，于是他在复制细节的基础上进行改进与发明，一般而言最早创新之后的后续改进具有决定意义（鲍莫尔，1993）。鲍莫尔以竞争理论为基础，得出创新扩散存在“创新激发进一步创新”的反馈机制，阐述产业自我滋养的创新发展过程。企业家始终在为经济增长提供关键性的技术突破和其他形式的至关重要的增长激励，正是企业家模仿创新活动将创新和增长从一个充满偶然性的过程转变成一种强大的机制。

企业协作影响着产业技术进步的方向。新的或改进过的产品与流程经常是由资本设备制造商引入，由于这些设备供给者都会为自己的生产线寻求获取尽可能大的市场，在此过程中，他们就会促进这些发明的扩散，因而跨行业的企业协作造成产业中的企业往往在相同时期具有相似的技术特征。而在“技术共享会”模式下，行业内的企业协作解释了行业中为什么常见渐进性创新和互补性创新。例如，在演化产品情况下，创新采取小改进的形式，这些小改进是同一个产品的不同制造商引入的，如相机制造商引入改良的自动对焦器件，另一个制造商则引入了自动光调节技术，第三个制造商生产的相机更轻更小巧。这三个企业中的两个走到一起，推出包含各自特征的相机，那么显然优于他们各自单独生产的相机，也更可能在面对第三个相机制造商竞争时处于相对优势地位，因而企业间存在技术联盟的动机。鲍莫尔进一步构建了“技术共享会”数理模型和运用大量案例研究分析企业协作孕育创新的动力机制、实践形式和经济效应，研究结果表明“技术共享会”制度使得产业在渐进互补性创新中发展前行。

在创新研究中，鲍莫尔始终坚持新古典经济学研究方法，运用边际、均衡等概念构建数理模型阐述创新机理及效应，把创新纳入微观经济理论的主流，规范性研究在《创新：经济增长的奇迹》和《创新力的微观经济理论》两本著作中占有很大的份额。

2.2.4 产业组织的种群生态学理论

新古典经济学马歇尔认为，经济学家的目标应该在经济生物学（马歇尔，2004），特别是在研究深化阶段需要更多使用生物学的概念。产业组织的种群生态学理论（Population Ecology of Industry Organization）是从生物生态学发展起来的一种产业组织理论（Hannan 和 Freeman，1977、1989；Carroll 和 Hannan，1995）。基于生态学的观点，该理论主要研究环境和种群的互动关系，既包括环境（例如，资源条件变化和竞争条件变化）对种群和种群内部组织的影响，例如种群规模的变化，组织形态的创生、变化和消亡等，也阐述生物如何主动地改造生态环境，而不是被动地待在其中。由于产业本身就是一种重要的种群，种群生态学便成为研究产业演化的一个重要视角（Carroll，1997）。

产业生态位表明了产业在经济系统中的地位。生态位的基本含义是指，“在自然生态系统中的一个种群在时间、空间上的位置及其与相关种群之间的功能关系”。生物的生态位不仅决定了它生活在什么地方，还决定了它干些什么，这就在无形中划分了种群在生态位领域中的位置和作用。生态位的出现使有限的自然资源得到利用，从而促进同一个群落环境中不同种群自身的生存优势得到充分发挥。从自然逻辑来看，在一个群落环境中，每一个物种经过长期的生存进化后都拥有自己的生态位，都有其独特的时空关系、角色地位等，这些都是种群的生态位。从经济逻辑来看，在一个经济环境中，每一个产业经过长期的发展，都拥有自己在经济环境中的生态位，即在经济环境中的角色地位随着时间和空间发展变化。

早期的产业组织种群生态理论认为环境对于产业生存和发展具有决定性作用。资源稀缺和为之展开的竞争是种群生态理论的核心概念，其基本逻辑是生物为了生存，需要食物、领地等生活必需的资源，但由于资源的稀缺性，种群内部和种群之间通过竞争确定每个生物获得的资源以及种群获得的总资源，由此发生资源规模增长带来的“生态位变宽”和资源规模减少带来的“生态位变窄”，即环境通过资源稀缺和竞争性来选择种群发展的路径和速度。这意味产业演化的规律是受到其赖以生存的市场资源环境和竞争环境的支配。当市场资源环境变化促使产业发展所需的市场资源增多时，产业规模将得以扩张，生态位变宽。产业种群生态理论包含两个层级的竞争：一是种群间的竞争，即产业间的竞争；二是种群内组织的竞争，即企业的竞争。环境的变化同时作用于这两个层级的竞争。当市场资源环境变化时，如产业间的“生态位重叠”（niche overlap）加剧、产业的“生态位宽度”变小，该产业生存和发展所需要的“生态位”的“承载能力”（carrying capacity）就有限，产业间以及产业内的企业之间的资源争夺就较为激烈（梁磊，2004）。由于竞争加剧了资源的稀缺程度，产业的规模会发生相应的改变，并被环境（资源条件和竞争条件）限制在一定范围内。这时，产业内部的企业只能在此既定的产业生产规模约束下展开竞争，争取产业中的“企业生态位”。

基于生态位构建理论（Niche Construction Theory，NCT），产业也能创造产业生态环境。生态位构建理论（John Odling－Smee，1996、1998）的核心是，动物能够主动改造生态环境，而不是被动地待在其中。有机体对小型生态环境的主动改造能够改变自身的选择压力：每个有机体都可能成为自身进化的工程师。比如蜘蛛结成的网改造了生活环境，为自然选择创造了新的机会。动物通过主动改造，争取到更多的自然资源，构建了新的生态位宽度。生态位构建的其他形式则改造了参与构建的有机体后代所生活的环境，例如，有许多昆虫会为自己的卵提供食物。这种改造生态位的过程被奥德林·斯密与他的同事凯文·拉兰德和马库斯·费尔德曼称为“生态传承”（Odling－Smee，Kevin Laland，Marċus Feldman，2003）。如果这些通过生态继承而来的生态位一直保持稳定（也就是生态传承的过程世世代代地维持下去），那么将会导致有机体面临新的选择压力以及产生新的适应形式，这使得有机体会对当前的生态位做出进一步修改。如果上述机理适用于阐述产业组织演化规律，那么就有企业主动改造和持续改造能够构建新的产业生态位的观点，因此产业产值得以扩大。

2.2.5 波特的竞争战略理论

迈克尔·波特（Michael E. Porter）的《竞争战略》《竞争优势》以及《国家竞争优势》，都是商学领域很有影响力的著作，开启了用不同学术领域的研究方法来分析、研究、解决同一个问题的先河，产业经济学、组织行为学乃至社会学都被用到战略管理的理论研究当中。波特的研究同时推动了经济学思维的应用。经济学中有关竞争的理论认为行业中的企业基本上没有差别。从马歇尔开始，经济学家开始通过企业规模以及差异来区分行业中的企业，关注企业规模差别形成的行业结构和竞争模式对社会的影响，其目标是降低“超额”利润。很少有经济学家真正考虑竞争性质对公司行为的意义或者提升利润的方法等问题。

针对以上问题，迈克尔·波特提供了“五大基本竞争力”分析框架及企业三大应对竞争战略。波特认为行业结构涉及五大竞争力，从纵向看有供应商和买方两个主体的竞争，从横向看包括来自行业现有竞争者之间的竞争、潜在进入者的竞争以及替代产品或服务的威胁，反映了行业内竞争不仅存在于行业内现有的企业之间，还包括买方、供应商、替代品和潜在进入者这些竞争对手的“扩展竞争”（extend rivalry）。行业经济和技术特征对每一种竞争力都会产生影响。为了应对五大竞争力，企业实施总成本领先、差异化和集中战略，使其能够在行业里取得高于行业平均水平的绩效。

“五大竞争力分析框架”也是分析行业变革的起点，“这一框架能够揭示行业之间的区别和行业变革的过程，是有关行业竞争和行业定位思想的基石”。波特应用生命周期理论解释了行业变革发生的过程，认为最重要的是分析观察行业变革进程背后的驱动力。“与所有形式的变革一样，行业变革之所以发生是因为驱动发生的要素为变化创造了激励机制或者压力，这些力量可以称为变革进程。行业的初始结构源于行业基本经济和经济特征的组合，它受制于较小行业规模的最初限制，受到最早进入行业的技能和资源等因素的影响。推动行业前进的变革进程是其潜在的结构，虽然人们难以预测未来的行业结构究竟是什么，但行业的发展和变化会集中在某个范围内，主要取决于研发的方向和成功程度以及营销方面的创新等。在诸多行业变革进程中，行业内已经存在和新进入行业的投资决策非常重要。为了应对行业变革进程中的压力或激励机制，企业要有所投资，利用新的营销方法、制造设备等带来的新机遇，以应对五大竞争力，即来自供应商和买方两个主体的纵向竞争，还有在位者、潜在进入者和替代者的横向竞争。

“五大竞争力”的发展变化性需要企业基于全面竞争构建竞争战略。企业变革的趋势是改变行业边界。行业创新或者涉及替代品变化的创新有可能通过让更多的企业纳入竞争范围，从而扩大行业范围，加剧竞争。同时，行业的结构变化使供应商可能实现垂直一体化和买方实施后向一体化，如“采购自有品牌产品的买方大量买入，并决定产品设计的标准，这类买方有可能成为企业在制造业的竞争对手，如西尔斯百货商店”。这意味着，供应商和买方也有可能是企业的竞争对手。面对产业结构发展变化，企业制定的竞争战略在产业内竞争和扩展竞争中都具有优势。

2.2.6 产业生命周期理论

基于生物学隐喻的生命周期理论在产业经济学中占有重要的地位。基于大量实证研究，产业生命周期理论认为，许多产业宏观层面的变量随时间变化呈现出类似生物学中的生命周期特征。大多数研究认为，技术变迁是形成产业生命周期的重要原因，技术创新的分类、技术扩散等技术创新的研究内容成为产业生命周期理论中的重要变量。

艾伯纳西和厄特巴克（Abernathy 和 Utterback，1975）首次把创新引入产业生命周期研究中，通过案例分析共同提出了 A－U 产业生命周期理论。他们认为，在主导创新出现之前，产业中将呈现出较多的产品创新，此时竞争主要是产品的性能和质量；一旦某种产品创新在竞争中占绝对优势，即出现了主导创新后的工艺创新，这种辅助创新出现后，竞争也由原来的质量竞争转向价格竞争。A－U 产业生命周期理论依据产业增长率划分了产业生命周期，随后高特和克莱伯（Gort 和 Klepper，1982，1990）等产业生命周期领域的知名学者使用市场中厂商数目为指标对产业生命周期进行划分，在技术创新和产业生命周期关系方面得出与 A－U 理论相同的结论（Gort 和 Klepper，1982；Klepper 和 Gort，1990）。

但是，随着研究的深入，一些学者也对 A－U 理论提出挑战。美国学者巴拉斯（Barras，1986，1990）研究了银行业、保险业、会计和公共管理部门的发展过程，总结出存在于这些服务部门中由于技术流入所引起创新的一般演变规律，提出了“逆向产品周期”（Reverse Product Cycle，简称RPC）。与A－U理论相反，巴拉斯（Barass）逆向产品周期理论认为服务产业创新活动的演进规律是从提高服务效率的渐进性过程创新开始，经过改善服务质量的根本性过程创新，直至出现新服务的产品创新。

2.2.7 创新的产业经济理论框架

依据本书从创新本质得出的产业创新概念界定，产业创新就是形成一个新的产业生产函数。从产出看，新生产函数带来产出增长，马歇尔的产业创新思想认为这种产出增长是企业资本价值形态提升及其扩散的结果，熊彼特产业突变理论研究了企业创新推动的产出增长，产业组织的种群生态学理论则把其看作产业生态位的变化。进一步，鲍莫尔全面概括了来自产业的创新源泉，即企业创新、企业创新竞争和企业创新协作。种群生态学理论表明产业生态位是受到其赖于生存的市场资源环境和竞争环境的支配，并且企业在产业竞争环境压力下具有构建市场资源环境的动机，从而推动产业生态位变化。波特对竞争战略做了广泛而深入的研究，在“五大基本竞争力”框架中指出企业面对相同产业企业的竞争，同时上游供应商和下游买方也可能成为企业的竞争对象。在竞争性质方面，波特提出了总成本领先、差异化和集中战略，而行业结构具体变化取决于研发的方向和成功程度以及营销方面的创新等。产业生命周期理论进一步明确产业不同发展阶段具有的创新类型。

通过梳理产业创新研究的理论基础及其之间的联系，本书认为需要在产业竞争、学习与协作中（马歇尔产业创新思想、鲍莫尔产业创新理论和波特竞争优势理论）探讨零售商创新机理，阐述零售商创新产生、发展、更替的经济规律（产业生命周期理论）。零售商在竞争和协作中的创新，不仅改变了自身在产业中的生态位，并且造就了产业在经济系统中的新生态位（产业组织的种群生态理论），对应着新的产业生产函数（产业组织的种群生态理论）。因而，本书首先在产业竞争中分析零售商创新机理；

然后在产业学习和协作中分析零售商创新在产业中的扩散过程，对零售业创新展开研究。

2.3 零售商创新机理

通过界定零售业创新，本书认为对零售业创新的研究首先需要阐述其微观机理，即零售商创新产生、发展、更替的内在规定性。基于创新的“建立新生产函数”本质，首先厘清零售商生产过程，然后针对零售商持续创新，构建内、外创新理论框架，全面系统解释零售商创新。

2.3.1 零售商生产过程的理论解释

从人类社会发展过程看，第三次社会化大分工使专门从事商品交换的商业从产业部门中独立出来。前两次社会化大分工极大促进了生产效率提升，但扩大的商品生产和交换规模却使得生产商和消费者产品交换变得困难。以商业部门出现为主要标志的第三次社会化大分工，虽然也是专业化分工经济，解决的却是前两次分工带来的交易成本过高问题（Aldserson，1954；董烨然，2011），即由专业的商人完成商品从生产到消费环节的转移比生产商要更经济，生产商的销售成本和消费者的购买成本都更低。到了19世纪80年代，由于运输与通讯革命，大型零售商开始取代批发商成为主要的商业企业，零售业一端连着消费者，一端与生产商的联系日益密切（张富春和沈宇丹，2011）。

1. 消费者购买成本

消费者购买成本是指消费者在零售商流、信息流、物流和资金流信息方面投入的所有资源（包括时间）。消费者购买成本有些是直接费用支出，有些是时间机会成本，吴昊等（2015）区分了这两种购买成本。由于研究对象是零售业创新，本文将它进一步界定为消费者购买有形商品时面临的购买成本。

消费者在消费前通常会搜寻产品特征和市场特征等信息，产品特征包括产品的品牌、质量等，市场特征包括价格幅度、商店分布等（Ehrlich 和 Fisher，1982）。厂商影响消费者搜寻成本的主要途径是广告以及其他促销努力，厂商宣传、展示的信息越清晰，消费者越容易获取商品信息，从而减少搜寻成本。随着经济发展，广告主体也发生了由制造商到零售商的新变化。在传统的大规模生产阶段，商品品牌集中，制造商广告涵盖了渠道流通的大多数商品，零售业不再是展示、宣传产品信息的主要渠道（Oi，1992）。随着经济发展和科技进步，供给端的商品品类和品牌大大增加，制造商广告数量已远远低于流通渠道中的商品品类和品牌数量。在物质生产极大丰富和个性化消费的背景下，零售业基于消费者特征的个性化推荐成为商品广告的重要形式（曾鸣，2017）。消费者为了体验商品或者寻找交易对象，还会前往零售商处从而产生交通成本，经济学者通常把交通成本当作搜寻成本构建购物模型求解消费者均衡（Hotelling，1929；Salop，1979；Oi，1992）。基于这些经典模型，后续研究通过增加厂商数量、改变费用函数以及考虑消费者预期满意度等进行了更为深入的研究。虽然研究结论不尽相同，但都表明零售商销售量与其距离消费者的空间距离负相关。吴昊等（2015）认为，当今社会日益高涨的油费和城市严重的交通拥堵提高了交通成本对消费决策的影响。

价格是契约的重要内容，消费者与零售商谈判成交价格产生了时间成本。双方信息不对称程度与市场势力对比都是影响均衡价格的重要因素。消费者通过两种途径降低成交价格，一是加强对商品市场价格与成本信息的了解，二是寻找和组织具有相同需求的消费者，形成买方势力，不管哪种方式都耗费消费者的时间与精力。

消费者如果不能在特定时间（或者按照要求数量）购买或消费特定商品也会产生时间和运输成本。由于缺货、运输等原因，商品没有按时送达，或者商品质量或功能与预期不符，会产生消费者与卖方沟通的时间成本、退货的运输成本以及重新检索所需商品的信息所花费的成本，更改所需商品组合所导致的费用增加或效用降低，这些成本被称为“协调成本”

(Betancourt，2009)。

消费者购物支出由商品价格和购买成本两部分组成，因而消费者具有降低购买成本的动机。从20世纪60年代开始，贝克尔（Becker，1965）、迪顿和米尔鲍尔（Deaton&Muellbauer，1980）等学者研究促进了家庭生产模型的发展，通过把消费作为家庭生产投入要素研究家庭决策问题。在家庭购买消费投入进行生产方面，消费者既可以自行完成，也可以选择由他人提供服务，具体方式选择取决于哪种途径的费用更低。

2. 生产商销售成本

生产商销售成本是生产商在零售商流、信息流、物流和资金流方面投入的所有资源（包括时间）。与消费者对产品、厂商搜寻过程相似，生产商也存在因消费需求信息不确定性和不对称性产生的交易成本。在商品生产决策方面，生产商需要搜集消费者偏好信息用以研发、改进和生产适销对路的商品；在商品产量决策方面，生产商还需要适当安排库存，以应对市场需求的不确定性。

生产商始终以消费者为中心，通过了解客户“需要什么”来组织生产和开展创新以响应、匹配消费者需求。零售商是生产商获得消费者偏好的重要渠道。生产商需要了解消费者对商品性价组合的偏好信息，事前安排商品价格结构、品类、库存等活动。市场调研是生产商了解消费者偏好的常用方法，然而分散且数量众多的消费者会使数据搜集工作耗费大量时间、人力和交通成本，并且由于消费者理性程度高低不一或者主观隐瞒，调研数据质量可能会受影响，这些缺陷使得市场调研成本处在较高水平。零售商直接面对消费者，基于真实交易的数据更能反映消费者对品类、型号、外观以及价格等的偏好信息。宝洁－沃尔玛模式开启了零售商和制造商信息共享的合作，宝洁通过及时将消费者意见反馈给厂商，并帮助厂商改进和完善商品，把消费者意见迅速反馈到生产中。零售商为其提供信息，生产商节省了对顾客需求的调研成本，更快更准确生产出适合消费者需求的商品。互联网、物联网、大数据等现代信息技术应用和普及，加大了零售商搜集、整理以及分析数据的能力。

现代信息技术发展同时为生产商低成本了解消费者需求创造了条件，

但零售商仍是双侧信息的主要沟通者。近年来，市场出现了 C2M 个性化定制产品销售模式，生产商绕过零售商向消费者提供销售以及定制活动，使得生产商能够以信息化手段获得消费者需求信息。在 C2M 模式中，消费者通过制造商平台填写对商品的要求，获得个性化的商品。在个性化定制模式下，零售商仍是双侧信息的主要沟通者，承担着向制造商传递消费者偏好的功能。著名企业家乔布斯曾经说过，“消费者自己也不知道自己想要什么，直到我们拿出自己的产品，他们就发现，这是我要的东西”。消费者往往缺乏对产品的深度认知，商品的技术复杂度水平越高，个性化定制的比率就越低。工业用户具有较高的商品专业知识，个性化定制可能更适用于工业消费品。其次，基于风险认知视角，感知风险会对消费者个性化定制产生消极影响。感知风险的概念最早由鲍尔（Bauer，1960）引入市场营销领域，强调消费者行为和风险承担。王艳芝等（2017）综合现有研究，认为消费定制行为会承担财务、功能、自我和社会四个方面的风险。定制活动暗含的假设是，能够为消费者提供精准满足其个人偏好的产品。然而已有研究证实，消费者有时对自己的偏好并不清楚（Simonson，2005），当最终结果与消费者期望有所差距时，定制产品会引发金钱损失造成的财务风险以及人身伤害带来的功能风险。除了面临的物质损失风险，定制产品不如意还会给消费者带来精神损失风险，从而伤害消费者自信和自尊心，消费者还会担心失败的个人设计招致负面评价，引起周围朋友或者家人的抱怨和指责，因此存在自我和社会风险。这些风险的存在提高消费者定制消费成本，从而降低其从事定制活动的积极性。最后，预期后悔降低消费者个性化定制的意愿。根据预期后悔理论（Fitzsimons 和 Lehmann，2004），消费者在行动后悔和不行动后悔之间比较，消费者认为行动会更后悔。因此预期后悔的消极情感使得消费者默认选择市场上出售的标准产品。当消费者放弃标准化产品转而选择产品定制时，他们就偏离了记忆中的标准和默认选项。由于对自己的偏好并不一定特别清楚，消费者更容易进行逆向思考，引发定制产品与标准化产品的各种比较，并导致预期后悔的消极情感（王艳芝等，2017）。以上三个角度的研究表明，由于受到消费者非理性的影响，制造商通过个性化定制直接获取消费者偏好并不具有普遍性。大数据技术是克服消费者非理性信息的获取途径，通过买家购物分析、关联产业购物分析以及消费者购物路径等逻辑模拟消费者偏好。然而，不论哪一种逻辑都需要获取大量信息，或者是同一消费者的购物历史数据，或者是大量消费者的统计信息，获取这些信息对制造商而言具有较大难度。每一个厂商只生产少数几种商品，不能满足消费者的所有需求，获取的消费者信息是片面的、分散的，尤其不能反映消费者偏好的漂移。而零售商记录的是多位消费者的信息，并且电子商务网站还能记录每位消费者所有的购物记录，大量、全面的信息能更精准表达消费者的偏好及可能存在的漂移，降低生产商获取市场信息的成本。

生产商不仅在商品品质决策方面因信息不对称而产生交易成本，在产量决策方面也会因不确定性而产生库存成本。为了应对需求不确定性可能形成的缺货损失，生产商与零售商通常都会保有库存。生产商库存与零售商库存具有替代性，零售商通过订货服务承担生产商的库存转移，零售商因订货形成的库存量越大，生产商的库存成本压力就越小。近年来，供应链创新出现了生产-零售库存联合优化的发展趋势，即生产商和零售商由追求各自库存成本最小化到追求联合成本最小化，相关制度创新包括零售价折扣契约、批发价折扣契约、联合零售价折扣契约与成本分担契约等（樊双蛟和王旭坪，2018；李富昌等，2016）。零售商承担库存转移不仅有来自较低采购价的成本激励，还有扩大需求的市场激励，即货架上摆放的商品越多，消费者认为可供挑选的商品范围越广，从而市场销售量也就越大，此现象被称作库存选择效应和广告效应（伏开放和陈志祥，2016）。零售商面向生产商的订货服务同时便利了消费者搜寻商品信息，由此表明零售商面向双边的服务存在相关的可能性，此处两种服务之间具有互促性。

生产商搜集市场信息和建立预防性库存的成本同样存在由谁来承担更为经济的问题。零售商通过面向生产商的零售服务帮助其降低销售成本，一方面是因为成本优势原因，另一方面是由于其与生产商都有扩大销售的目标而形成合作博弈。在这两点动机中，零售商会把后者放在首要地位，如果降低生产商销售成本的零售服务不利于商品零售，零售商就会调整此服务。

3. 零售商承接双边成本转移的生产过程

零售商在承接双边成本转移中运转和经营。零售学者贝当古（Betancourt，2009）阐述了零售商降低消费者购买成本的机理，其中转移和承接是关键机制。零售商以零售服务承接消费者购买成本转移，同时产生了生产零售服务的承接成本，并且承接成本小于转移成本时才会发生消费者零售活动转移承接关系。同样，零售商以零售服务承接生产商销售成本转移，同时产生了生产零售服务的承接成本，并且承接成本小于转移成本的情况下才会发生生产商零售活动转移承接关系。

零售商的产出是零售服务，包括面向消费者的零售服务和面向生产商的零售服务，这两种零售服务都是通过承接双边成本转移达到促进零售交易的目的。零售商为了承接零售服务产生了承接成本，即零售商经营成本。

2.3.2　零售商内、外创新模型

创新的生产函数理论表明，企业为了扩大实际产出，可以在两个方面实施创新，分别为扩展市场的创新和节约成本的创新。本文将企业面向外部市场以扩大需求为目的的创新称为企业扩展市场的外部创新（以下简称为企业外部创新），在内部生产过程以降低生产成本为目的的创新称为企业节约成本的内部创新（以下简称为企业内部创新）。企业用这两种创新促进实际产出持续增长。

依据零售商形成与运行的机理，零售商面向外部市场实施的以扩大市场需求为目的的创新称为零售商扩展市场的外部创新（以下简称为零售商外部创新），零售商在组织内部实施的以降低零售服务承接成本为目的的创新称为零售商节约成本的内部创新（以下简称为零售商内部创新）①。创新驱动着零售商不断发展，一方面，零售商通过外部创新，不断满足生产商降低销售成本和消费者降低购买成本的需求。这里的“不断”有两个层

① 后文中，零售商外部创新就是指零售商扩展市场的外部创新，零售商内部创新就是指零售商节约成本的内部创新。

面的含义，一是不断降低原有销售成本或购买成本，二是降低新增销售成本或购买成本。另一方面，零售商通过内部创新降低服务成本，更有效率地提供零售服务。两种创新前后相继，表现为以下两个阶段（见图2－2）：第一，顺应生产商和消费者降低交易成本的需求，零售商实施扩展市场的外部创新；第二，在“干中学”效应以及分工经济作用下，零售商实施节约成本的内部创新不断降低经营成本，产业竞争效应推动新一轮的外部创新。

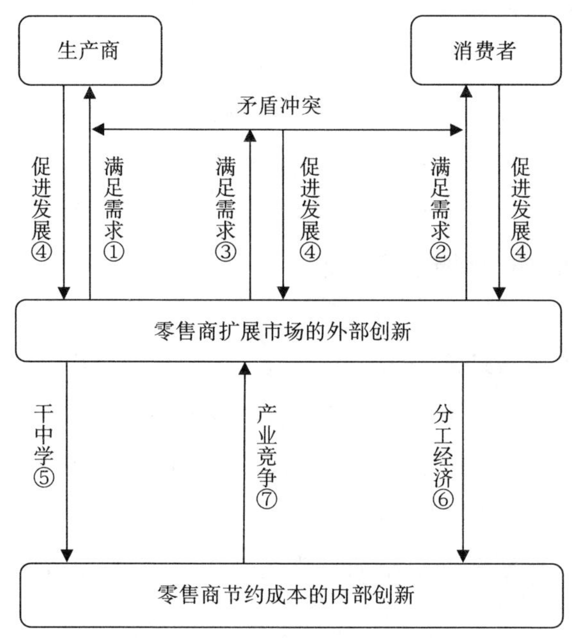

图2－2　零售商内、外创新模型

1. 零售商外部创新

零售商一端连着消费者，另一端与生产商的联系日益密切，降低双边在零售活动中的成本。由于存在生产商的销售成本和消费者的购买成本，零售商创新有三种情况①：①降低生产商销售成本（TM）的创新。生产商销售成本是指生产商因零售商流、物流、信息流或者资金流而产生的成

① 三种情况分别对应图2－2中的①②和③。

本，零售商外部创新降低其中一项或者多项。需要注意的是，一些创新在降低生产商某些销售成本的同时，可能同时增加了生产商其他销售成本，只有生产商总销售成本下降，创新才会得到商业应用；②降低消费者购买成本（TC）的创新。消费者购买成本是指消费者在零售活动中因零售商流、物流、信息流或者资金流而产生的成本，零售商外部创新降低其中一项或者多项。同样只有消费者总购买成本下降，创新才能稳定和持续；③协调生产商销售成本（TM）和消费者购买成本（TC）负相关的创新。TM 与 TC 之间的关系存在不确定性，可能是正向关系，也可能是负向关系。如果是正向关系，那么零售商外部创新在降低某一方转移成本的同时，至少不会增加甚至同时降低另一边的转移成本，此创新是稳定的；如果是反向关系，那么零售商创新在降低某一边转移成本的同时，增加了另一边的转移成本，此创新顺应了一边的需求而产生，并不稳定，会朝着继续满足另一边需求的方向演进。

交易成本动态变化驱动零售商持续创新（图 2 - 2 中④）。在日益供大于求的当下，生产商更加注重搜集消费者偏好，按照消费者需要组织生产。随着消费者收入增加，购物时间成本明显增加；城市化扩展了人们的活动空间，消费者克服空间距离的交通成本在增加；商品种类日益丰富，商品差异化趋向越来越明显，消费者选择商品的信息成本也不断增加。外部环境变化刺激了新销售成本和购买成本的产生，以及形成了新的成本相关关系，对零售商发展提出了新要求。零售商通过面向消费者、生产商或者两者的外部创新降低双边的成本。

2. 零售商内部创新

零售商外部创新产生初期，经营成本通常较高。一是缺乏经验和规模较小，二是初期的市场垄断使得零售商缺乏降低成本的动机。外部创新的垄断利润吸引模仿者进入，由此形成的竞争压力促使零售商提高经营效率。这个过程首先来自“干中学”效应（图 2 - 2 中⑤）。干中学效应是一种次级创新，它不仅可以降低原始创新企业的成本，还给模仿者带来成本降低的外部效应。“干中学”效应使得企业成本普遍降低，企业为了在竞争中获得超额利润，又开始尝试各种降低成本的初级创新。在这些内部创新的推动下，零售商经营成本不断降低。

分工深化间接推动零售商内部创新（图 2 -2 中⑥）。劳动分工受市场规模的限制，市场规模越大，分工越深化，分工经济效应越显著。在零售商外部创新初期，市场规模较小不利于分工经济发展，创新零售商是全能企业，但难以实现专业化效率。外部创新在产业中的扩散引起市场规模扩大及分工深化，产生了一批零售业服务企业，催生了新的技术设备行业，进一步降低零售商外部创新的经营成本。同时，商品价格降低再次扩大市场规模，引发新一轮的分工深化。

零售商内部创新是新一轮外部创新的重要推动力量。分工效应降低了行业中所有企业的成本，此时企业在竞争中亟需构建新的竞争优势，外部创新是对策之一（图 2 -2 中⑦）。

2.3.3 基于零售业态演进的零售商内、外创新模型实证

零售业有着悠久的发展历史。奴隶社会晚期，社会化大分工造就了专门从事商业活动的商人阶层，零售业应运而生，至今已有几千年历史。零售业发展初期主要是单一、分散的小店。现代零售业的开端，是以 1852 年百货商店出现为标志，目前已有近 170 年的发展历史。零售业公认的革命有三次：百货商店、超级市场和连锁商店。近年来零售业态创新实践更迭显著，从网络零售到线上线下融合发展迅速，现代零售业态演进过程大致可分为以下五个阶段（见图 2 -3）。本书以创新理论和流通经济理论为基础构建了零售商内、外创新模型，其对各次零售业态变革都具有较强的解释力。

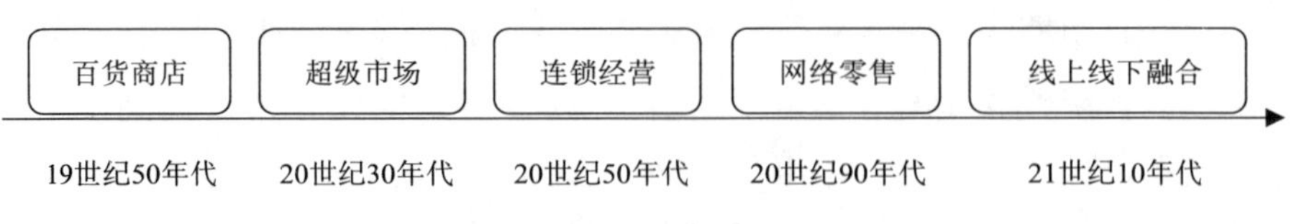

图 2 -3 现代零售业态产生与发展历程图

1. 百货商店：零售商外部创新

百货商店出现降低了消费者在零售物流、信息流方面的购物成本。首先，百货商店集聚了多品类商品，消费者集中采购节省了多处购买的交通成本。18世纪末期是工业革命全面爆发时代，社会生产力极大发展，商品种类日益多样丰富。百货商店顺应生产的新变化，设置了多个商品部，并由各部门负责组织进货和销售。虽然每个部门经营规模不大，但汇聚在一个场所综合经营的商品品类与杂货店、品牌店相比十分庞大。大量品类和品牌集聚形成了一站式购物便利，节省了消费者分别到集市、杂货店或者品牌店多次采购的时间及费用等成本。其次，百货商店为每种物品都设有专属的摆放区域，消费者更容易找见所需要的商品，且有专业的导购和服务人员介绍商品信息，消费者还可以试用、体验商品，这些都有助于降低消费者对商品功能信息的搜寻成本。具体来说，消费者如果需要购买n种商品，可以在各传统零售商处分别购买，每去一家传统零售商花费TC_i购物成本，则购齐所有商品共花费$\sum_{i=1}^{n} TC_i$购物成本。当这n种商品同时在一家百货商店销售，消费者一站式购物花费的购物成本为TC_{new}。百货商店销售商品种类越丰富（n增加），交通等购物成本节省效应就越明显（见图2-4）。

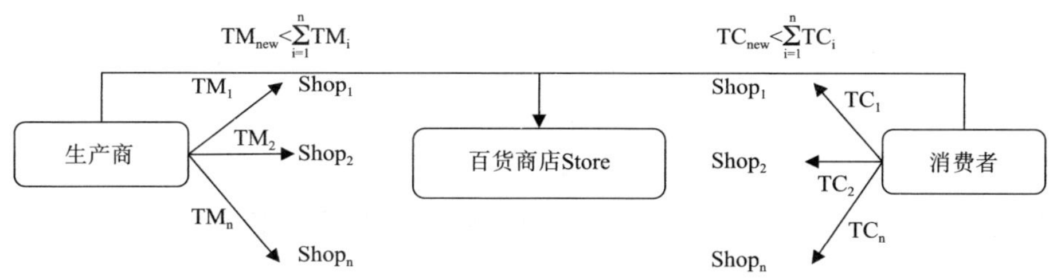

图2-4 百货商店创新机理

百货商店同时降低了生产商在商流、物流方面的销售成本。“生产商—批发商—零售商”流通渠道形成于小规模零售阶段，由于杂货店、小商贩数量众多，生产商与它们直接交易产生多次谈判成本，并且小批量进货给生产商带来较大库存压力。批发商的出现，有利于降低生产商在零售活动中的商流和物流成本，但却造成流通环节增加，流通费用上涨。18世纪末期，出现了比批发商更具承接成本优势的百货零售商。面积巨大的百货商店，除了展示陈列商品功能外，还具备仓储职能，因此百货商店对应的英文单词为“store”而非“shop”。百货商店较大的销售能力与较强的仓储能力，使其具有和批发组织不相上下的采购量，新型运输和通信方式的出现更利于加大从生产商的直接采购量，大型零售商逐渐取代批发商地位。同时，流通环节的减少降低了流通成本，零售商比批发商更具承接成本竞争优势。生产商与每位小规模零售商交易的销售成本为TM_i，而与具备大规模采购能力的零售商交易的销售成本为TM_{new}，交易次数减少降低了生产商销售成本。

2. 超级市场：零售商内部创新

超级市场（supermarket）亦称“自选商店”，英语直译为“大型自助式贩卖综合市场”。超级市场业态创新降低了百货商店服务成本。

超级市场提升了劳动效率。服务人员在“干中学”过程中，创造了敞开式销售方式（见图2－5）。美国人迈克尔·卡兰是世界上第一家现代超市卡兰国王店的创建者，曾具有几十年食品经营经验。在多年经营实践中，卡兰发现服务人员是消费者了解商品、获得信息的主要帮助者，每天与顾客交流的信息内容包括常规性商品信息或者个性化商品推荐。常规性的商品信息几乎每个消费者都会需要，因而被询问的频率很高，如果商品品名、重量、售价、厂牌、出厂日期等商品基础信息以显著的文字形式提供给消费者，并配备开放性货架，顾客可以自主查看标签和查看商品，就会免除服务人员的重复劳动，提升服务效率。当时美国一般商品的毛利率为25%~40%，而卡兰国王店的商品售价比他们便宜10%。超级市场独特的销售方式产生了强大的示范效应，各地超级市场迅速发展起来。

随着超级市场迅速发展，工业技术涌向零售商，创新日益丰富（见图2－5）。工业创新极大地推动了超级市场发展，零售商机械化水平提升。例如，制冷、冷藏设备创新使超市经营生鲜、冷冻食品的成本大幅降低。同时，电子技术在超级市场推广运用，提高了售货的机械化程度，结账服务更为简捷便利。

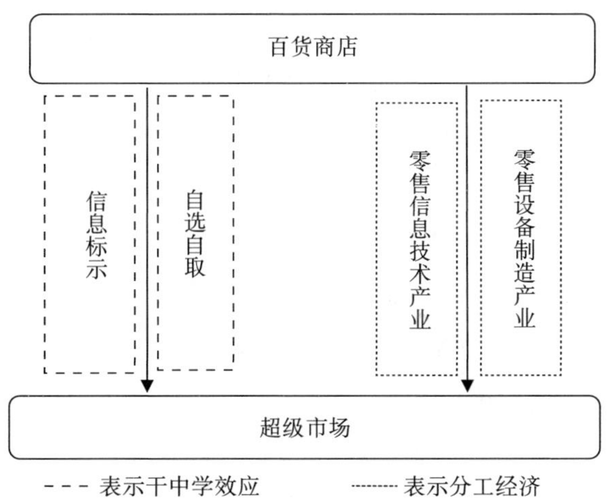

图2－5　超级市场创新机理

3. 连锁商店：零售商内部创新

百货商店以大规模仓储服务等承接消费者购物成本和生产商销售成本转移。超级市场业态创新在降低服务成本方面效果显著，而连锁商店在降低库存成本方面有所尝试（见图2－6）。

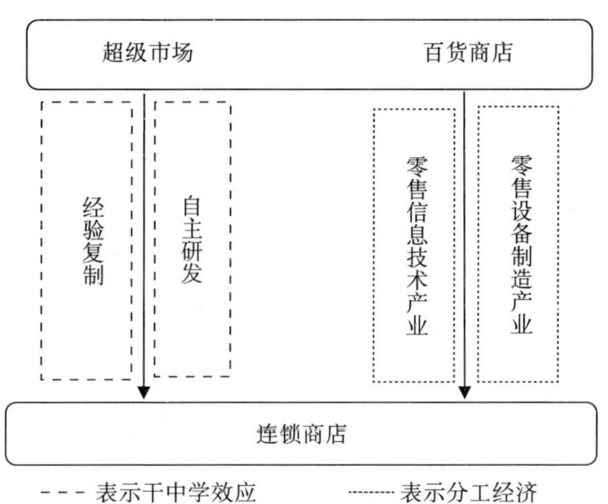

图2－6　连锁商店创新机理

百货商店、超级市场经营者逐渐发现由于经营面积所限，承接生产商库存成本转移存在上限。为了打破单体营业面积约束，百货商店构建了连锁经营制度，组建多个门店，总部集中进货和经营管理指导，大批量直采被分散在各城市、各门店，突破了单体百货商店库存极限。同时，连锁总部集中进货，可获得大批量折扣，进货价格更加优惠。连锁经营使零售商在承接更多库存成本转移的同时，降低了自身的采购成本与库存成本。

连锁商店创新的“干中学”机理，表现在经验复制和自主研发两个方面。随着门店数量扩张，连锁商店积累了丰富的经营管理经验，在准确统计商品销售信息方面开始推陈出新。例如，沃尔玛研发的 UPC 条形码、EDI 数据交换、无线扫描枪等技术设备，大大提高了企业内部及与上游企业间的物流效率。沃尔玛作为全球知名的零售企业，发明了大量高科技创意。根据亿欧智库（CB Insights）数据显示，从 2009 年以来，沃尔玛已经申请了近两千项专利，具备较强的自主研发能力。随着连锁经营业态的发展普及，电子信息技术涌入零售业，POS、ED、EOS、GSP、ERP、DSS 等技术设备，优化零售门店网络连接的组网系统、经营管理服务系统等技术设备，使得连锁经营分店扩张中的控制损失降到最小。

4. 网络零售：零售商内部创新

高房价开启了网络零售对实体零售的替代。1999 年，马云创办了阿里巴巴网站。从时间上看，阿里巴巴创建之时，正是中国房地产业开启“黄金十年”的时刻，房产价格从此一路高涨，电子商务以此为契机加速发展。租售比是衡量零售业租金成本的重要指标。一般来说，租售比超过 3.6% 后，实体门店就容易发生亏损。而苏宁和国美两大家电连锁企业从 2008 年起，租售比连续多年超过 3.7%。京东多媒体网 2007 年正式更名为京东商城，2008 年从平板电视销售做起，很快将空调、冰箱、电视等大家电产品线逐一扩充完毕，成为名副其实的 3C 网购平台，并以价格竞争优势迅速增长。随后，苏宁创建了苏宁易购，国美创建了国美在线，开始向电子商务转型。高房价下的高房租促进了网络零售对实体零售的替代。实体零售向网络零售的转型，是线下零售商主导的线上线下融合，节省了线下零售商扩张门店的成本。

信息技术的摩尔定律大幅降低了网络零售的运营成本（见图 2－7）。网络零售虽然不需要支付高额租金成本，但却依赖信息技术设备和软件的投入。信息技术产业发展遵循摩尔定律，不仅技术进步快速，而且成本下降明显。网络零售跟随摩尔定律优势，经营成本不断降低。同时，网络零售推动物流产业市场规模迅速扩大、促进物流服务相关产业发展，带动物流业不断降低经营成本。

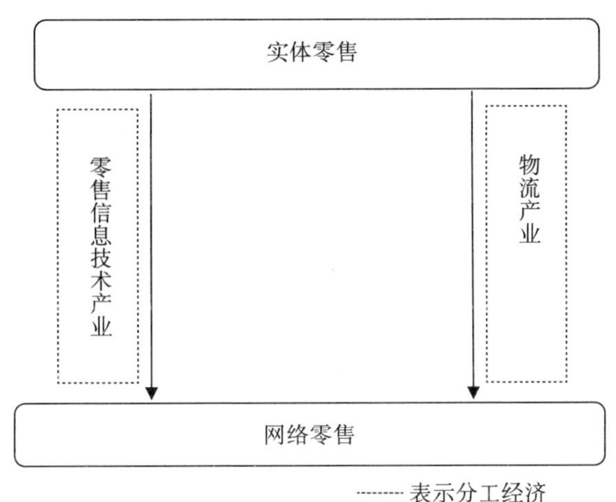

图 2 －7　网络零售创新机理

5. 新零售：零售商外部创新

新零售是继网络零售后出现的新现象，对新零售机理的分析从网络零售说起（见图 2 －8）。网络零售商顺应了生产商降低销售成本的需求（图 2 －8 中①），这个过程首先得益于虚拟商圈效应。信息通信技术的充分运用，使得虚拟商圈覆盖范围随网络的普及扩展到世界各地，网络零售平台集聚了巨大的用户市场规模，由此产生的交叉网络外部性吸引生产商和网络零售商达成销售协议（张廷龙，2018），一方面避免了其与线下多家零售商交易时的谈判、搜寻等成本，另一方面商品可以在更大范围被搜寻到，这节省了生产商广告宣传的成本。

在降低生产商销售成本的同时，网络零售的虚拟商圈服务创新却增加了消费者搜寻信息的购买成本（图 2 －8 中②）。随着生产商在网络零售平台集聚，消费者购物出现被动化和费时化两点新变化。网络是虚拟的，消费者不能如在实体零售商购物时一样，看到甚至试用商品，因而面临产品

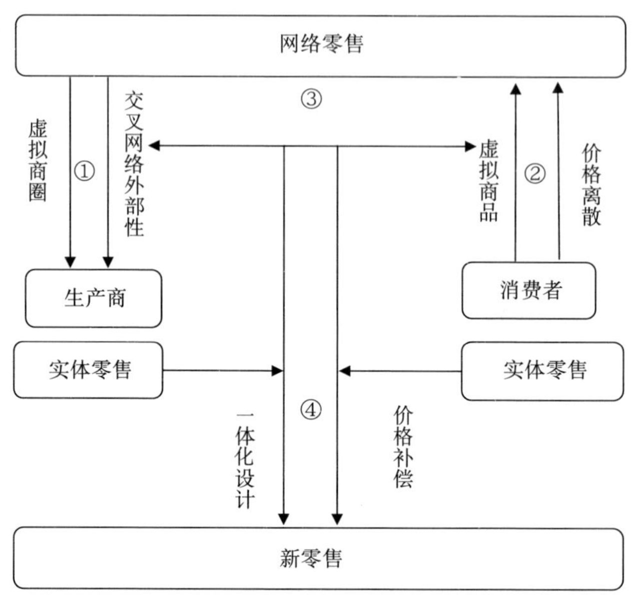

图 2-8 “线上到线下”新零售创新机理

属性的不确定性。当不确定性较高时，消费者就会花费更多的时间成本和认知努力增加对商品的了解。选定商品后，消费者还会面临网络平台的价格离散（艾文卫，2018）。虽然网络零售丰富的货源提升了品类服务水平，但由于搜寻次数的增加，提高了消费者的搜寻成本。

为了协调双边成本转移中出现的矛盾（图 2-8 中③），网络零售商向线下布局（图 2-8 中④），形成新零售。在网络零售商的价格冲击下，实体零售商经营惨淡，甚至沦为网络零售的“试衣间”，关店潮频现。原本受益于实体零售服务正外部溢出效应的网络零售商，在实体零售商退出的背景下所能搭乘的“便车”越来越少。面对消费者搜寻成本上升，网络零售商亟需承担正外部效应产生的成本。依据科斯定理，一体化制度设计相当于自建实体，而补偿制度设计可理解为线上向线下支付费用的合作形式，这两种形式也是当今新零售的主要表现。网络零售商通过新零售把实体店作为重要的商品体验场所，降低了消费者搜寻成本，同时控制门店数量，仍把网络作为主要销售渠道，保持网络销售的成本竞争优势。

以上分析表明，零售业态各次变革都可以通过零售商内、外创新模型予以解释，该模型是阐述包括新零售在内的各次零售业态变革的统一理论框架，把新零售在理论上与之前的变革连在一起。相关发展历程的梳理，完成了对零售商内、外创新模型的事实论证。

2.4　零售业创新：零售商创新集合

在零售商创新模型中，本书分析了零售商扩展市场的外部创新和节约成本的内部创新。零售商通过这两类创新促进实际产出持续增长。创新虽然是企业行为，但不会停留在企业层面，企业创新最终都会提升到产业层面。零售商扩展市场的外部创新在产业扩散形成零售业新生产函数，本书把这个过程定义为零售业扩展市场的外部创新（以下简称为零售业外部创新，External Innovation，简写为 EI）。同样，零售商节约成本的内部创新在产业也会扩散，从而形成零售业新生产函数，本书把这个过程定义为零售业节约成本的内部创新（以下简称为零售业内部创新，Internal Innovation，简写为 II）①。熊彼特注意到了创新成群出现的现象，把它描述为创新不是孤立事件，并且不在时间上均匀分布，相反，它们趋于集群或者说成簇发生。在创新成群出现的过程中，行业内企业间发生着复杂的互动关系，对产业发展产生正面或者负面的影响。

2.4.1　零售商创新到零售业创新：合成放大效应

零售商创新集合形成了零售业创新，这个过程是在产业扩散中实现的。创新成群成簇出现，不仅表现为创新在产业内的扩散，而且存在产业间创新扩散效应，产业内的“簇”和跨产业的“簇”都是产业发展重要支撑力。

---

① 后文中，零售业外部创新就是指零售业扩展市场的外部创新，零售业内部创新就是指零售业节约成本的内部创新。

1. 模仿创新的放大效应

创新在产业中扩散带来的群体创新能够克服认知范围的外部经济。分散的厂商创新往往要面临很大风险，厂商有时候觉察不到自身存在的风险和机会，而互补的外部智力来源能够产生认知范围的外部经济。在研究创新扩散时，熊彼特认为新的组合会成组或成群地连续出现，完全是因为一个或者少数几个企业家的出现促使其他企业家出现，既而促使更多企业家出现。如果一个人或者少数人成功前进，那么困难就会消失，其他人会跟随这些先驱者，他们的成功会不断完全克服障碍，从而使得上述进程变得容易，更多的人跟随而来，直到创新被人们熟悉，并且成为自我选择。在共同创新过程中，厂商之间的知识学习、经验交流促进了厂商的创新运行方案的自我发展，使厂商进入一个庞大的创新反馈体系，取得协同经济效应。创新在产业的扩散促进产业增长的机理，可以概括为“率先创新—模仿创新—创新更替”的动态过程，创新扩散不仅增加了行业中创新企业数量、规模，提高行业创新供给总量，而且有利于促进创新更替，这种由产业竞争带来的影响被称为酵母效应（雷家骕等，2005；张军等，2009；杨振兵和王乐琦，2018）。

零售商创新到零售业创新出现酵母效应是以一定的假设条件为前提的。首先，零售商具有模仿创新动机假设。创新在行业的扩散源于企业对利润的追求。率先创新企业获得超额利润，吸引企业纷纷模仿。在模仿过程中，企业面临着简单复制和模仿创新两种不同选择。与熊彼特的完全复制假设不同，鲍莫尔（Baumoul，2010）认为那只是一种罕见的特例，由于专利限制、创新者成功的保密以及竞争性斗争，模仿者获得胜利的唯一机会就是提供改进或者更便宜的产品，于是他在复制细节的基础上进行改进与发明，一般而言，最早创新之后的后续改进具有决定意义。鲍莫尔以竞争理论为基础，得出创新扩散存在“创新激发进一步创新”的反馈机制，阐述产业自我滋养的创新发展过程。企业家始终在为经济增长提供关键性的技术突破和其他形式的至关重要的增长激励，正是企业家模仿创新活动将创新和增长从一个充满偶然性的过程转变成一种强大的机制。产业经济理论中伯川德（betrand）模型机理，表明即使行业中只有两家企业，竞争结果仍是每个企业获得正常利润。从而，企业在模仿时，较少完全照搬，而是在知晓市场竞争的压力下，在模仿的过程中将新的创意、技术融入已有创新中，对模仿的创新性能特征加以改进，实施不完全相同的创新。由此推及所有进行模仿创新的企业，不同的采纳者为保持自身特色的技术、产品选择以及经营战略，模仿创新，纷纷改进创新以形成自己的竞争优势。虽然模仿创新企业大都是对已有创新进行细小改进，但累积的知识和经验，有利于在“干中学”过程中形成动态报酬递增机制。由此看来，跟随产品创新的企业不会选择简单复制，而是会模仿创新。

其次，零售商具有模仿创新能力假设。创新成群成簇出现，不仅表现为创新在产业内的扩散，而且存在产业间创新扩散效应，跨产业的“簇”是产业发展的重要支撑力。产业间的创新扩散是单向的，即上游产业的技术创新扩散到下游产业，而下游产业创新一般不会扩散到上游（Acemoglu 等，2006）。以两个产业 m 和 n 为例，行业 n 在生产过程中采购中间投入品 A，用于替代已有投入 I，或者生产创新产品 p，因此，行业 m 中新的生产技术伴随着产品 A 转移至行业 n 的生产过程中。上述过程表明，下游行业创新活动，不但可能源于本行业自主的创新技术进步，而且可能源于上游研发技术进步对下游企业的影响。随着零售业发展和科学技术进步，零售业应用技术、发明越来越广泛。零售商从设备供应商、软件供应商处购买机器设备和服务方案实施创新，相关供应商推动了零售商创新及其在产业的扩散。在供应商推动的零售业创新中，零售商常常获得的是标准化的创新投入，特别是用于工艺创新的机器设备，大都是标准化工业品。零售商由于技术壁垒等原因难以进行再创新，很少具备工艺创新的能力，因而其主导的工艺模仿创新较难出现。零售商的外部创新多体现在服务和营销方面，其来源常为创意、点子、想法，在这一方面，零售商常常能够把握创新的主动性。

以上分析表明，零售商外部创新符合酵母效应的假设条件，可以纳入“率先创新—模仿扩张—创新更替”的分析框架。外部创新零售商之间的互动深化了创新程度，提升了创新质量。而零售业内部创新中的工艺创新可能不存在模仿带来的创新质量深化。

2. 分工经济的放大效应

产业应用跨产业创新簇的过程遵循斯密定理基本规律。斯密定理表明，市场在其发育和壮大过程中，推动着社会分工，促进创新。随着创新在零售业的扩散，创新市场规模扩大，促进新的分工出现和发展，由此形成的创新为零售业发展提供更优质和经济的创新要素。中国零售业正经历着一场创新的热潮，对零售优质解决方案的需求持续增长。作为全球第一的零售业展览会 EuroShop 在中国的卫星展，上海国际零售业设计与设备展自 2015 年启动至今已经举办了六届，每年参展的展品包括店铺装修和店铺设备、店铺设计和视觉营销、智慧零售技术、照明设备以及餐饮和制冷系统等五大与零售业有关的设施、设备展品，展现零售业最新的技术。零售业近年来出现的创新热潮，扩大了创新市场规模，推动上游产业创新增长，反映在参展商数量从三百余家增加到近千家。2018 年，零售商百联和上海大数据联盟联合发起创建了“新零售大数据 + 人工智能产业促进中心”，希望借助该平台，进一步开发新技术在新零售领域的应用，助力营销，更好地服务消费者，同时扩大新零售大数据创新的应用规模，为全社会共同孵化创新发展型企业和团队，共同推进商业互联网领域的创新。

零售商创新及其扩散扩大了零售业市场规模，对跨产业创新产生了更大市场需求，促进相关产业的竞争与创新，推动零售商应用更高质量的创新。

2.4.2 零售商创新到零售业创新：合成谬误问题

零售商创新集合形成了零售业创新，零售商创新是局部微观概念，而零售业创新是中观概念，从局部到中观的加总，存在合成谬误的风险。合成谬误是经济学家、诺贝尔经济学奖得主萨缪尔森最初提出的概念，主要用于解释经济学领域一些“对单个个体成立，对个体集合反而不成立”的现象，换而言之就是市场失灵问题。零售业不是生产公共产品的行业，并且长期以来组织化程度处于较低水平（王晓东，2013；王强，2017），其合成谬误主要表现为信息不对称引发的产能过剩和本文前述的创新正外部性问题。

产业中的企业在资本和劳动力要素投入领域发生相同的投资行为，这种“投资潮”可能带来产能过剩，即每个企业最佳产出之和超过由市场需要决定的实际产量的状况。和零售商外部创新相比，零售商内部创新更容易造成信息不对称推动的产能过剩。首先，零售商内部创新常源于跨行业的簇，设备、服务供应商在一段时间内向所有零售商提供相同的创新供给，致使零售商实施相同的创新。其次，零售商内部创新多表现为新设备、新设施的应用，这些物流设施设备、加工设施设备等通常具有强大的生产能力，在企业市场需求不足情况下，容易出现产能过剩。需要注意的是，分散的行业市场结构更容易在投资潮中出现产能过剩，如果行业中存在大量中小零售商，每个零售商市场份额相对较小，则距离内部创新形成的最大产出距离远。而当行业集中度处于较高水平时，每个零售商平均市场份额增加，从而距离内部创新形成的最大产能距离变小，产能过剩程度会降低，甚至不会出现。产能分散、产业集中度低被普遍认为是决定产能利用率及造成产能过剩的重要原因（Salim，2008；齐鹰飞和张瑞，2015）。

零售业内部创新因横向正外部性形成的合成谬误问题，需要零售业外部创新发展予以克服。假设有两个零售商，分别实施扩大市场需求的外部创新和降低运营成本的内部创新。外部创新零售商为了扩大市场需求花费大量的销售努力时，如广告、展示室、培训销售人员、培训采购代理人和保证质量等，顾客到这家商店去就可以了解到许多关于商品的知识。他们中的一些随后可能从内部创新零售商处以较低的价格购买商品，第一家零售商创造了使两家零售商都获益的额外需求，但第二家零售商没有产生任何成本。外部创新零售商并没有从其投资中获得全部的好处，而是给了其他零售商搭便车的机会，则未能获取其销售努力全部收益的外部创新零售商具有降低这些努力的动机。最终结果是，外部创新零售商不提供任何服务，零售商之间的外部性导致行业营销、服务活动严重不足，更少的销售努力又造成销量减少。为了弥补正外部性对销售的负面影响，内部创新零售商要么一体化，要么支付补偿，增加销售努力。尤其在产品日益丰富和价格离散显著的当下，消费者往往需要投入大量的时间、精力去搜寻相关信息，容易陷入搜寻成本的困境而减少消费。而零售商外部创新迎合了消费者摆脱搜寻成本的需求，其在产业的扩散增加了行业总体销售努力，增强了消费便利性。零售商外部创新及其在产业的扩散是产业创新发展的重要保障，而零售业内部创新发展可能会减少行业总体销售努力，不利于零售业实际产出增长。

2.4.3 零售业创新数理模型

为了体现零售业创新如何形成产业新的生产函数，本部分构建零售业内、外创新数理模型求解零售业创新对应的新生产函数，并运用比较静态方法分析探讨零售业各创新对零售业实际产出的影响机理。

1. 零售业外部创新与新需求函数

假设零售业面临的需求曲线为：

$$D = D\ (P,\ S,\ g) \tag{2.2}$$

式中，D 为商品销量；P 为零售商平均定价；S 表示零售业服务总量[①]；g 表示影响商品销量的其他因素。以上需求函数具有如下性质：首先它是价格的减函数，即在其他因素不变的条件下，商品需求量随着价格提高而减少；其次他是服务数量的增函数，即在其他因素不变的条件下，商品需求量随着服务数量增加而增加。进一步假设零售业需求函数的具体形式为：

$$P = a - bQ + S + g \tag{2.3}$$

零售商外部创新表现为服务种类变化和服务质量变化，其在产业的扩散产生合成放大效应，一方面引起创新企业数量增加，另一方面促进创新更替，这两方面共同提高零售业服务总量。假设零售业服务总量提高了 e 倍（$e > 1$），则有：

---

① 关于零售商服务，贝当古（Betancourt，2006）列举了五种类型，分别是环境服务、品类服务、区位服务、交付服务以及信息服务，这些服务不同组合形成了不同零售业态。

$$e = e\ (EI) \tag{2.4}$$

上式中，e 是零售业外部创新（EI）的增函数，即零售业外部创新越大，零售业服务总量增加的越多。那么，新的零售业需求函数为：

$$P = a - bQ + e\ (EI)\ S + g \tag{2.5}$$

上式表明零售业外部创新提高了服务总量，进而对零售产业市场需求产生正向促进作用。

2. 零售业内部创新与新供给函数

我国零售业组织化程度较低（王晓东，2013；王强，2017），接近于完全竞争的市场结构。假设零售业供给曲线为：

$$R = R\ (P,\ A,\ h) \tag{2.6}$$

其中，R 为零售业商品总供给；P 为价格；A 是行业生产、管理技术总量；h 是影响供给的其他因素。以上供给函数具有如下性质：首先它是价格的增函数，即在其他因素不变的条件下，商品供给量随着价格提高而增加；其次它是行业技术总量的增函数，即在其他因素不变的条件下，商品供给量随着生产、管理技术数量增加而增加。进一步假定零售业供给函数的具体形式为：

$$P = c + dR - A + h \tag{2.7}$$

零售商内部创新以降低成本为目的，具体路径是应用节省资本或劳动力的新技术。零售商创新及其在产业的扩散产生合成放大效应，一方面引起创新企业数量增加，另一方面促进创新更替，这两方面共同提高零售业生产、管理技术总量。假设零售业技术总量提高了 f 倍（$f > 1$），则有：

$$f = f\ (II) \tag{2.8}$$

上式中，f 是零售业内部创新（II）的增函数，即零售业内部创新越大，零售业节省成本的技术总量越多。那么，新的零售业供给函数为：

$$P = c + dR - f\ (II)\ A + h \tag{2.9}$$

上式表明零售业内部创新增加了节省成本的技术总量，进而对供给产生正向促进作用。

3. 零售业均衡产出

依据以上定义和假设，包含零售业外部创新变量的零售业需求函数为：

$$P = a - bQ + e\ (EI)\ S + g \qquad (2.5)$$

包含零售业内部创新变量的零售业供给函数为：

$$P = c + dR - f\ (II)\ A + h \qquad (2.9)$$

由此，供需均衡（D = R）时零售业实际产出为：

$$Q = \frac{a + e\ (EI)\ S + g - c + f\ (II)\ A - h}{b + d} \qquad (2.10)$$

根据上式可知如下命题：

命题 2.1 零售业创新对应的零售业新生产函数为：

$$Q = \frac{a + e\ (EI)\ S + g - c + f\ (II)\ A - h}{b + d} \qquad (2.10)$$

依据创新的新生产函数本质，本文认为零售业创新就是零售商创新及其在产业的扩散形成零售业新生产函数。新古典生产函数理论探讨最大产出水平的影响因素，而实际产出不仅受生产技术约束，而且取决于市场需求，正如马歇尔在其著作《经济学原理》中认为“就短期而论，现有生产设备数量实际上是固定的，但利用率却随着需求而变化”，“但在长期中，生产所需要的设备数量是根据对这些设备的需求量进行调整的”。马歇尔基于长期和短期视角对需求和供给均衡的阐述，表明长期生产函数是供给和需求的均衡产出。本文通过构建包含零售业外部创新变量的零售业需求函数和包含内部创新变量的零售业供给函数，求解出产业供需均衡时的产出，得到零售业创新对应零售业新生产函数表现形式。

命题 2.2 在零售业合成放大效应假设下，零售业均衡产出分别与零售业外部创新、零售业内部创新正相关。

公式（2.10）表明，在其他条件不变的情况下，零售业外部创新由于提高了服务总量，零售业内部创新增加了行业生产、管理技术总量，两种创新共同推动零售业均衡产出增长。

命题 2.3 在创新外部性引起合成谬误问题假设下，零售业均衡产出与零售业外部创新正相关，与零售业内部创新可能负相关。

外部创新零售商可能对内部创新零售商产生正外部性，其承担了创新成本却没有获得创新收益，存在降低销售努力的动机，行业服务总量下降。搭便车的内部创新零售商会对市场需求造成负面影响，此时零售业内部创新成为需求函数的影响因素，需求函数形式变化为：

$$P = a - bQ + [e(II) - n(II)]S + g \tag{2.11}$$

上式中，n（II）表示零售业内部创新对零售业需求造成的不利影响。由公式（2.9）和公式（2.11）得到新均衡对应的行业产出：

$$Q = \frac{a + e(EI)S - n(II)S - c + f(II)A - h + g}{b + d} \tag{2.12}$$

零售业内部创新一方面提高了节省成本的技术总量，对均衡产出产生正向影响，另一方面降低了零售业服务总量，对均衡产出造成负向影响，两种影响之和为零售业内部创新对均衡产出的总效应。当外部性较大时，零售业内部创新会阻碍零售业实际产出增长。

命题 2.4　在零售业内部创新引起行业产能过剩假设下，零售业均衡产出可能与零售业内部创新负相关。

零售商内部创新多表现为新设备、新设施的应用，这些物流设施设备、加工设施设备等通常具有强大的生产能力，在企业市场需求不足情况下，容易出现产能过剩。并且，分散的行业市场结构更容易在投资潮中形成产能过剩。行业中存在大量中小零售商，每个零售商市场份额都相对较小，因而距离内部创新形成的最大产出距离较远。内部创新零售商在需求不变的情况下出现产能利用率不足的问题和创新成本需要分摊的困境，成本反而被拉高。假设零售业产能过剩程度为 u，则 u 是零售业内部创新的增函数。把零售业内部创新引起的行业产能过剩因素引入零售业供给函数，则新的行业供给函数由公式（2.9）变为：

$$P = c + dR - f(II)A + u(II) \tag{2.13}$$

与行业需求函数（公式 2.3）联立，求得零售业新生产函数为：

$$Q = \frac{f(II)A - u(II) + a + S + g - c}{b + d} \tag{2.14}$$

上式表明，零售业内部创新引起的产能过剩会对零售业实际产出增长产生负面影响。

2.5 本章小结

从创新的生产函数本质出发，本章界定零售业创新就是零售商创新及其在产业扩散形成了零售业新生产函数，因而对零售业创新机理的研究遵循由微观零售商创新到中观零售业创新的分析思路。以产业竞争理论、流通经济理论构建的零售商内、外创新模型，发现零售商创新的根本逻辑在于零售商追求实际产出持续增长和由此形成的零售商扩展市场的外部创新和零售商节约成本的内部创新。零售商内、外创新模型可以解释零售业态各次变革，相关历史事实的梳理完成了对零售商内、外创新模型的事实论证。零售商扩展市场的外部创新在产业扩散形成零售业新生产函数，本书把这个过程定义为零售业扩展市场的外部创新（本书中简称为零售业外部创新，External Innovation，简写为EI），零售商节约成本的内部创新在产业也会扩散从而形成零售业新生产函数，本书把这个过程定义为零售业节约成本的内部创新（本书中简称为零售业内部创新，Internal Innovation，简写为II）。从零售商创新到零售业创新，交织着合成放大效应和合成谬误问题，究竟当前零售业各创新主导合成效应如何，将于第4章展开实证。

第 3 章

零售业创新测度分析

零售业创新是零售商创新及其扩散形成零售业新生产函数的过程。本章依据零售业创新内涵，利用国家统计局新近开展的全国企业创新调查统计数据和上市零售企业年报资料，构建和实证零售业外部创新和零售业内部创新测度指标，并对我国零售业创新现状进行比较分析，同时利用ROST CM6中文专利分析软件分析我国零售专利自1992年以来的发展变化，展现零售业创新类型演进历程。本章分析为后续零售业创新经济效应研究提供了实证指标。

3.1　零售业创新测度指标构建原则

3.1.1　整体性原则

零售业创新测度对象需要从部分到整体的改变。当前，我国零售业创新研究使用的数据来源较为丰富，而各来源对零售业的代表性都存在不足。第一个数据来源是上市零售商年报。学者利用上市零售商数据计算全要素生产率，或者依据公司年报搜集电商转型等创新行为，还有些计算股权变动测度组织创新。2017年，沪深两市有50余家上市零售商，但国家统计局网站数据表明，当年限额以上零售业法人企业单位数多达99182家，上市零售商数量规模仅占零售业总体很小的比例，难以代表零售业总体情况。第二个数据来源，是国家统计局发布的《国民经济和社会发展统计公报》。从1999年起，统计部门开始统计限额以上零售业的基本情况、商品购销额情况、资产与负债情况以及主要财务指标等数据，由于指标有限，使用该数据来源的零售业创新研究只能计算全要素生产率指标，难以再做更为深入的创新类型分类研究，本书论述的零售业外部创新和零售业内部创新较难构建对应指标。第三个数据来源，是国家统计局、商务部以及中国商业联合会联合编制的《中国零售和餐饮连锁企业统计年鉴》。该年鉴比《国民经济和社会发展统计公报》对零售业的统计增加了门店数据、加盟或直营数据、配送中心数据，增加的数据为学者构建指标提供了更多可供选择的变量，有利于深入研究，然而连锁零售业占零售业的比例很小①，并且不能代表所有零售业态。从零售业创新内涵出发，测度对象范围应尽可能在规模上接近产业总体。

3.1.2 全面性原则

研究规律从特殊到一般的转变，推动了零售业创新内涵的完整性及测度指标的全面化。当前零售业态创新理论研究缺乏能够解释所有创新的学说，每一种理论仅能解释有限次创新实践，所对应的创新内涵不能代表零售业创新所有类型，而能解释所有零售业创新的理论，对应的创新类型也应该是完整无遗漏的。本文基于创新理论、产业竞争理论和流通经济理论建立的零售业创新模型能够涵盖零售业中所有创新。由外部创新和内部创新两个维度构成的零售业创新测度指标较为完备。

3.1.3 可分性原则

零售业创新需按照创新类型分类测度。创新是一种企业行为，零售业创新要从产业层面说清发生了哪些创新行为、这些创新的扩散程度如何。当前，在使用统计数据对零售业创新进行研究的文献中，零售业全要素生产率是最常见的指标。有学者还认为利润可以作为零售业创新的测度指标，但这些使用绩效指标测度零售业创新的研究有两个缺陷需要改进：一是绩效是各种行为的结果，需要分离出创新的绩效；二是如果能分离出创新的绩效，能否再细分各创新类型的绩效。以上两个问题目前还没有得到有效解决，如果可以直接测度创新行为，就能够获得创新水平的准确数

① 2016 年，连锁零售业商品销售额为 35922.89 亿元，而同年限额以上零售业商品销售额为 126612.26 亿元，连锁零售业销售占比仅为 28.37%。

据，避免间接测度绩效产生的误差。

3.1.4　可验性原则

零售业创新指标构建需要从关注测度结果到注重过程的科学性。有关零售业创新测度的早期研究常以规范分析为主，梳理零售业创新不同表现，然后探讨各指标变化发展情况，由于没有探讨各变量之间的关系，严格意义上说还没有形成指标体系。后来，研究普遍采用了指标体系的研究方法，规模、效率以及渠道是经常用到的三个指标，而这三个指标与创新的关系、三个指标的边界以及三个指标构成创新指标体系的原因尚待说明，存在重复或者遗漏指标的可能性。零售业创新测度体系中的指标不仅要代表创新类型，而且要体现各类型之间的逻辑关系。各指标之间相互独立又彼此联系，形成一个有层次且不可分割的体系，这就需要以理论为基础，基于理论构建各创新之间的逻辑关系，并选取能够反映理论变量内涵的指标。

指标体系经信度和效度检验后才具有统计科学性。验证性因子检验是验证理论假说正确性或合理性的数理分析方法，通过结构方程处理指标体系的构建效度并判定该效度的合理性，整体上指标数量和样本数量要合规，并且各变量也要通过效度和信度检验，否则建立的指标体系可能会包含不显著的指标，导致测度值不准确。

3.2　零售业创新指标构建

零售业创新包括零售商创新及其在产业扩散程度两个方面，这两方面共同推动形成零售业新生产函数及带动零售业实际产出变化。本书依据零售业创新内涵，分别构建零售业外部创新和零售业内部创新测度指标。

3.2.1 指标来源

1. 我国企业创新调查制度

2008 年金融危机后，我国经济由高速增长转为中高速增长，在下行压力增强背景下，创新驱动战略被摆在首要位置。为了贯彻习近平总书记在 2012 年提出的“建立符合国情的全国创新调查制度”，国家统计局开始着手制定企业创新调查方案，并于 2014 年首次在全国范围内对所有产业开展了创新活动调查。虽然 2014 年调查活动是抽样调查，统计的数据为 2013 年和 2014 年两年之和，与之后的调查制度有较大差别，但是这次调查不仅搜集了宝贵的资料，还积累了丰富的调查经验。随着创新驱动战略深入开展，创新步伐在加快，对创新统计提出了新的要求。为此，从 2016 年起，企业创新活动调查由 2 年一次改为 1 年一次，调查范围也由抽样改为普查，这样能更及时和全面地反映企业创新活动进展。国家统计局社会科技和文化产业统计司在每年下半年出版《全国企业创新调查年鉴》①，公布上一年调查结果，既在 2014 年后，又分别统计、出版了 2016—2019 年企业创新活动相关数据。《全国企业创新调查年鉴》提供了零售业创新的全国统计数据，但由于只出版了四年，不满足实证分析样本容量。本书依据因申请

① 《全国企业创新调查年鉴（2017）》分十八个部分，第一部分是衡量企业创新活动的主要指标。从第二部分开始分别从工业、建筑业、服务业三个大方面介绍零售业隶属于服务业的范畴。第二部包括所有行业内企业数、从业人数、主营业务收入、利润总额、资产总计等方面。第三部分分别总结了四种类型的企业创新活动在零售业内的实现情况。从第四部分到第九部分分别总结了产品创新和工业创新在各行业企业内开展的情况，包括在行业内的分布情况、工业创新情况、新产品情况、创新活动类型和费用、合作情况、信息来源、阻碍因素、知识产权相关情况等方面。第十部分总结了组织创新和营销创新活动的开展情况。第十一部分总结了各行业企业家的基本情况及对企业创新活动的认识。第十二、十三、十四部分分别总结了创新活动对企业的影响、创新成功的影响因素以及创新激励措施及其效果。第十五部分为政策对企业创新的影响情况。第十六部分为企业创新战略制定情况。第十七、十八部分分别是规模以下企业的创新情况以及与部分国家的对比。

公开制度①，向全国 30 个省（自治区、直辖市）统计局提交申请，依规获得和使用 2016—2019 年省级零售业创新调查统计数据。

全国企业创新调查为零售业创新研究提供了宝贵的数据来源。调查年鉴包括所有产业的创新数据，是当前为止为数不多的零售业创新统计数据来源，具有较强的权威性。借鉴 OECD 创新调查制度，调查中将零售业企业创新分为产品创新、工艺创新、组织创新和营销创新四种类，分别调查了成功实现各种创新的企业数量。除了创新类型，企业创新调查年鉴还提供限额以上零售商的其他创新信息。

2. 我国企业创新调查借鉴的国外经验

企业创新调查在内容上借鉴了第三版《奥斯陆手册》中的创新系统模型，认为创新包括产品创新、工艺创新、组织创新和营销创新四种类型，所有产业都适用这个分类原则，但内涵有所不同。《奥斯陆手册》从第二版开始，将创新调查范围扩展到服务业，又在第三版对服务业创新相关指标进行了重新界定。产品创新包括实物商品和服务两个方面的创新，商品方面的产品创新是指引进与以前制造的产品在特征和用途等方面有明显不同的商品；服务方面的产品创新既包括现有服务在速度、效率、功能和特色等方面的改进，也指引进一套全新的服务。工艺创新主要是指生产方式或交付方式的改变，新的生产方式指新增生产原料或者生产设备，新的交付方式主要指企业物流的新变化，采购、数据处理等辅助支撑活动在技术、设备、软件等方面的新变化也是工艺创新的主要内容。营销创新是指出现了新的营销方式，包括产品设计包装、分销渠道、促销方式或产品定价等方面的重大变革。组织创新是指本组织内部或者外部出现了新的组织

① 2008 年 5 月 1 日，国务院发布了《中华人民共和国政府信息公开条例》（国务院令第 492 号）第十三条规定公民、法人或者其他组织还可以根据自身生产、生活、科研等特殊需要，向国务院部门、地方各级人民政府及县级以上地方人民政府部门申请获取相关政府信息。2010 年，国务院办公厅发布的《关于做好政府信息依申请公开工作的意见》（国办发〔2010〕5 号）明确了依申请公开的信息申请人可以在生产、生活和科研中正式使用，也可以在诉讼或行政程序中作为书证使用。本文依据以上法律法规对各省统计局提出依申请公开，其中因西藏没有统计局网站而没有提交申请，相关数据依据制度规定也可公开使用。

方式，目的是减少成本。我国在对服务业创新活动调查时，在《奥斯陆手册》基础上对各指标内涵做了更为明确的定义。

3.2.2 统计指标含义

根据我国企业创新调查问卷（服务业用），服务业创新分为产品（服务）创新、工艺（流程）创新、组织（管理）创新以及营销创新四种类型。本文依据各创新测度指标说明，结合2016—2019年间中国部分上市零售企业年报披露的创新实践，解释各创新与本文界定的零售业外部创新和零售业内部创新的关系。

1. 零售业企业产品（服务）创新

依据《全国企业创新调查问卷》指标说明，服务业产品（服务）创新是指企业向市场推出的在功能、特性方面有全新或重大改进的服务或产品，仅有微小改变的情况不包括在内，直接转销的商品也不包括在内。产品（服务）创新涉及五种创新实践，分别为新型理财产品、显著改进的咨询服务、有突破进展的设计方案、新面世的盒装或下载版软件，其中“显著改进的咨询服务”和“新面试的下载版软件”在零售业有对应的创新实践。

零售商面向消费者的咨询服务降低了消费者寻找信息的成本。随着科技不断发展，商品功能不断扩展，用途越来越丰富，然而大部分消费者没有途径或者时间了解到消费品功能，因而对商品信息缺乏认知，这就要求零售销售人员充分掌握产品信息，根据消费者需求为其提供商品推荐并通过现场、录播以及直播等方式展示商品及功能，减少消费者了解商品用途的成本。面对种类繁多的品牌和型号，消费者通常无所适从，很难找到自己想要的东西，个性化推荐服务就是要解决消费者的选择困惑。服务人员（设备）运用所储备的知识经验以及对各种信息资料的综合加工为消费者提供关于产品的功能说明、技术参数以及产品演示，使得零售咨询服务在内容、模式以及效率等方面提升。据2016—2019年上市零售企业年报，三夫户外等零售企业从事了相关实践。三夫户外依托实体门店，创建粉丝社群近 50 个，精准私域社群近 2 万人，在社群内为消费者提供最新户外资讯和各类新品推荐，在提高互动粘性的同时得到了消费者的认可与支持。家家悦根据会员购买信息为顾客提供精准化服务、一对一个性化服务。零售商提供咨询服务方式趋于智能化，不论是专门的客服还是自动应答系统，对消费者提交的各种形式请求，都能提供实时、专业的响应，有利于消费者克服对商品知识的有限理性。例如，广百股份开展在线客服 24 小时服务创新，全天 24 小时在线，全年 365 天无休，随时随地为消费者服务。

当前中国社会已经是重度移动互联网社会，中国互联网用户将近 9 个亿，90% 以上已经是移动互联网用户。

APP 是使用频率最高的移动互联网工具，能够将零售商最新信息快速精准地传达给目标客户。2016—2019 年，武汉中商等多家上市零售商新增了 APP 和微信小程序服务（见表 3－1）。新产品上市或优惠促销活动等信息，都可以通过 APP 第一时间传达给客户，节省了消费者对信息主动搜寻的成本。为了激励消费者下载使用 APP，部分实体零售店在 APP 中设置了商场 WiFi 登录界面，一方面推广了 APP，另一方面为应用 WiFi 指纹、微电子系统、蓝牙 4.0、3D 传感视频监控等技术培育了平台，零售商能够获得更全面的消费信息数据以及开展更及时、准确的商品信息推荐服务。

表 3－1　上市零售商新增 APP 和微信小程序服务（2016—2019 年）

上市零售商	APP 创新实践
武汉中商	中商 APP
广百	广百荟 APP
有阿	友阿 APP
ST 人乐	人人乐园 APP
天虹股份	虹领巾 APP
跨境通	跨境通 APP
中央商场	班点购 APP、中央商场 APP
合肥新百	升级新百 APP，门店实现 WiFi 网络全覆盖
欧亚集团	掌尚欧亚 APP
利群股份	利群网商 APP
永辉股份	永辉生活 APP

续表

上市零售商	APP 创新实践
苏宁云商	苏宁小店 APP、身边苏宁 APP
宏图三胞	新奇乐 App
兰州百货	生活服务 APP
武汉中商	中商 APP 平台用户
浩物股份	“中古好车”微信小程序
友阿股份	“友阿购”微信小程序
中兴商业	“中兴大厦 +”小程序
一心堂	一心堂 APP
步步高	Better 购小程序
重药控股	和平健康 APP
中百股份	“Higo 中百”微信小程序

资料来源：本表资料来源于上交所/深交所网站发布的上市零售企业年报（2016—2019 年）。

零售商面向生产商的咨询服务降低了生产商获取消费者信息的成本。零售商为供应商提供商品生产建议，促进了其销售量增长。近年来，天猫与李宁体育用品有限公司加强合作，完善数据分析与预测体系，更加快速、全面地掌握消费者数据。得益于天猫的信息咨询服务，李宁公司顺利转型，时隔 8 年以后在 2018 年再次实现百亿元营收。2019 年初，阿里巴巴宣布推出“A100”战略合作计划，发布阿里商业操作系统，旨在为更多像李宁公司一样的生产企业提供全面的一站式解决方案。

2. 零售业企业营销创新

零售业企业营销创新被定义为企业在营销方面的新变化，以营销经典 4P 理论为基础。调查表中有产品（服务）设计或包装、产品（服务）推广、产品（服务）销售渠道、产品（服务）定价四个分类。在调查表中列举了全新的产品（服务）外观设计或包装、新型广告媒体、推行会员卡、全新品牌形象、直销、电子商务、独家零售、特许经营、自动调价以及折扣系统共十种营销创新实践（零售业季节性、周期性变化和其他常规的营销方式变化由于不是首次采用，所以不属于零售业营销创新）。

零售商包装创新降低了消费者因不确定性产生的信息成本。零售本源就是拆整为零，便利消费者购买。零售商出售的商品，绝大多数都是在生产环节包装，而生鲜等商品通常由零售商分成小包装，迎合消费者小批量购买的需求。例如，盒马鲜生推出 1 斤小包米和 10 斤大包米，虽然小包的单价高于大包，但销量更高，这反映了消费者对低价格敏感的偏好以及追求消费多样性的心理，小包装价格与商品数量能够更好地迎合消费者对新商品试用的心理，减少消费者搜寻成本与决策时间。生鲜产品易损坏变质的特性，对于运输包装和展示包装具有较高要求。据 2016—2019 年上市零售企业年报，永辉超市等公司从事了相关实践。永辉超市在产品销售过程中实行差异化、地标性、定量包装。天虹股份发展分量分级包装的生鲜熟食供给，为了保证产品新鲜，零售商采用贴体包装、细绳包装、脱氧包装等新的包装方式与可回收透明包装纸、安喜布环保包装纸等包装材料，提高消费者对生鲜商品的信任以及降低对商品质量感知的不确定性。

推广创新降低了消费者因信息不对称性产生的零售购买成本。在咨询服务中，消费者主动搜寻商品信息，而在推广服务中，消费者被动接收商品信息。广告是产品（服务）推广的主要形式，零售商通过广告扩大企业知名度和传播营销动态，网络电视、手机电视、移动电视等新媒体广告扩大了信息接收范围，使更多消费者了解零售商品牌及营销动态，并且精准投放的广告更加有效。零售商还通过注册用户、微信群、微博以及生活圈引流，扩大会员规模以及增强用户粘性。零售商推广创新推动了面向消费者的精准营销，同时也节省了生产商对消费者的搜寻活动，提高了搜寻效率。2016—2019 年，武汉中百等多家上市零售商新增了推广创新（见表 3 - 2）。

表 3 - 2　　上市零售商新增推广创新（2016—2019 年）

上市零售商	推广创新实践
武汉中百	在门店广泛使用“人客合一”会员系统
合肥百货	上线电子会员卡，新增会员 4 万名，会员消费占比达 58%
上海徐家汇	增加官微粉丝关注和参与度、跨界营销、社群营销
永辉超市	加大新媒体与社交媒体的运营
南京中央商场	创新“微信”等新媒体、自媒体等营销模式

续表

上市零售商	推广创新实践
新世界	扩大手机微信、网络直播等新媒体和新营销手段的广泛运用
益民集团	借助东方购物电视平台推广时尚新品
北京城乡	借助微信等新媒体的优势兼顾满足特定人群的消费
文峰股份	通过微信等新媒体平台强化会员沟通
汇嘉时代	用微信公众号、WiFi 系统互动等功能开展新媒体营销
苏宁易购	超级会员专属客服
鄂武商 A	开展相亲派对、亲子共享、体验沙龙、艺术鉴赏等文化营销
中百集团	开发上线全渠道会员系统推动会员精准营销的转型与突破
合肥百货	实现会员数字化管理建立联动营销体系
武汉中商	通过 VIP 会员管理标签化开展特色营销
步步高	实践会员整合营销 8 +1 法将线上用户引流线下
三夫户外	“产品 + 赛事活动”场景营销

资料来源：本表资料来源于上交所/深交所网站发布的上市零售企业年报（2016—2019 年）。

渠道创新是指零售商新增或调整了现有销售渠道，采用了直销、电子商务、独家零售等新方式，节省了消费者因有限理性产生的购买成本。多渠道是当前零售商创新转型的主要方式，早期表现为线下向线上的延伸，近年来又增加了新形式，表现为线上向线下、线上向移动端、线下向移动端布局。根据商务部发布的《2017—2018 年中国零售业发展报告》，截至 2017 年 12 月，高达 86.3% 的受访企业已经开展 O2O 业务，而 2016 年的调查结果只有 45.3%，单一渠道的发展模式正逐渐被多渠道经营所替代。依据本书构建的零售商内、外创新模型，线上线下融合降低了消费者信息过载产生的购买成本。

零售商通过定价方式创新降低消费者价格搜寻成本。在电子商务中，卖家利用自动调价工具，在电商后台设置好每次价格调整的幅度大小，比如 0.01 美金或者 0.1 美金，指定好要调整的 SKU 及运输方式，这种创新在跨境电商的应用规避了时差原因对交易产生的不利影响，方便消费者随时购买。同时，零售商通过会员折扣、积分返利等形式锁定消费者，节省了消费者再次议价的成本。据 2016—2019 年上市零售企业年报，文峰股份等零售商从事了相关实践。文峰股份以会员折扣、积分返利、线上兑换等形式为会员提供更多附加值。苏宁易购打造的“SUPER 会员”，旨在为会员提供更好的购物体验、更优惠的商品及更实在的购物回馈。消费者以每年149元，或者三年447元价格购买SUPER会员资格，就可以享有全年2%的商品价格和SUPER会员专属会员日。拼多多等团购零售商节省了消费者搜寻议价同伴的成本，有助于形成买方垄断势力，降低了价格搜寻成本。

零售商实施服务创新和营销创新，承接生产商和消费者双边交易成本转移，双边的搜寻活动转移给零售商。零售商承接更多零售交易活动，市场需求扩大，这些创新具有外部创新的性质。

3. 零售业企业工艺（流程）创新

零售业企业工艺（流程）创新，是指零售商在推出服务或产品以及采购、物流、财务、信息化等活动中采用全新或有重大改变的技术、设备或软件等，主要目的是提高服务质量或降低单位成本，以技术、设备或者软件投资和应用为主要特点。近年来，零售商工艺创新呈现智能化、无人化和绿色化三大趋势，从而降低损耗及提升效率。

据2016—2019年上市零售企业年报，跨境通等零售商从事了智能化工艺创新实践。跨境通公司与200多个物流服务商进行了合作，通过大数据能力与算法匹配，建设自主物流专线服务体系，实现对跨境电商物流体系的有效整合。苏宁物流投入研发的智能机器人、末端无人机等一批新技术落地，上海自动化仓储拣选机器人上线，提升了小件商品作业效率，后续还进一步在物流机器人以及仓储、分拨、运配等方面增加智能设备研发。无人仓库智能分单加快商品流转速率，智能预测围绕消费需求洞察趋势，精准采购、高效配送，将高需求产品仓储前置，节省物流时间。永辉超市完善物流配送体系建设规划，建设现代化冷链仓库降低损耗，加快自动打包器、自动测量仪、GPS定位、电子锁等先进设备投入应用，提升配送效率。永辉超市在生鲜商品经营中引进德国折叠框，从田间到物流到销售门店利用折叠框配送工具实现标准件配送，提高商品鲜度，降低损耗。京东智慧供应链系统实现自动化采购订单超过五成，每天有数百件货物在系统驱动下自动在五百多个仓库间以最优路径调拨，商品流通成本比社会平均物流成本降低了50%以上，流通效率比社会平均效率提升了70%以上。供销大集通过自主研发的 ERP、B2B、WMS 系统以及 POS 终端零售结算系统，完善线上线下数据对接。华通医药推进“机器人 +”物流，打造智能物流体系，促进医药物流各环节作业模式创新，提升作业效率和管理水平，提高配送能力。步步高新投运了江西冷链仓以及四川低温仓，实现了江西及四川区域冷链商品高效配送。红旗连锁建立了一套适合自身的信息化管理系统，实现了公司—分场—财务—配送等快速联网，加快了商品配送、周转、收银、核算等各个环节的工作效率。

无人零售商店由于较低的劳动力成本和租金，成为零售商和互联网巨头积极拓展的全新领域。据艾瑞咨询测算，2017 年我国无人零售商店交易额达到 389.4 亿元。市场研究机构 36 氪统计表明，在 2017 年新增的 31 家无人零售品牌中，无人值守便利架和无人便利店品牌分别有 8 家和 6 家，新型便利店和改造型便利店品牌分别有 7 家和 6 家。无人货架依据货架实时销售数据，实现系统自动补货并同步更新库存数据，完成智能补货提升效率。

零售商已逐步建立起绿色发展理念。2017 年，商务部下发《商务部办公厅关于做好 2017 年绿色流通有关工作的通知》，并组织制定出台“绿色商场”标准，零售商门店节能成为行业发展趋势。据 2016—2019 年上市零售企业年报，永辉超市等零售商从事了相关实践。永辉超市引入智能管理系统启动门店节能改造项目，整体电费下降了 30%。合肥百货在宿州百大建设的屋顶光伏电站已经发电，用能成本显著降低。中百集团推进灯具和设施设备的节能新技术应用，卖场节电效果明显。合肥百货大力推进合同能源管理，有效控制能源成本。

零售商工艺智能化、无人化创新通过使用设备替代劳动投入实现劳动节约型技术进步，绿色化创新节约了能耗成本。相关创新需要投入大量软硬件，工艺创新在产业的应用普及，为技术、设备、软件供应商创造了强大的市场需求。在规模经济和分工经济效应推动下，零售商工艺创新的成本不断下降。上海国际零售业设计与设备展，自 2015 年启动至今已成功举办了六届。2015 年，162 家展商和 5 700 多名观众参加了展会，之后迅速发展，2019 年参展的 110 家展商吸引了 13 000 多名观众，零售设备、技术市场迅速增长为零售商工艺创新提供了更多选择与更低价格。

4. 零售业企业组织（管理）创新

组织（管理）创新是指零售商在经营模式、内部组织结构以及与外部关系方面采取了全新的组织管理方式（见表 3－3）。引起组织（管理）创新的根本原因是环境的改变，主要体现在三个方面：一是不确定性，由于交易频率、资产专用性、信息不对称等因素，零售商与供应商交易的不确定性增强，零售商与供应商建立新型组织关系降低交易成本，供应链管理变革、信息共享制度等经营模式创新使得供应链上企业实现相互信任和一体化运作能够降低整个供应链成本；二是产业环境变化，当零售商为了应对产业环境变化从事产品、营销和工艺创新时，企业内部组织结构也会发生调整，产生新的机构设置、职责划分、权限管理和决策方式，以更加适应产品（服务）创新对质量和成本的需求；三是市场环境变化，市场与企业是替代关系，当市场具有更高的效率时，企业就会部分被替代，而当市场缺乏效率时，企业的边界就会扩大，市场与企业效率的动态变化使得企业原有部门发生了缩减、扩大以及调整的新变化。

表 3－3　零售商组织创新内容

创新方式	创新实践
经营模式创新	供应链管理、质量管理、信息共享制度
组织管理创新	机构设置、职责划分、权限管理、决策方式
外部关系创新	商业联盟、新式合作、外包或分包

资料来源：本表资料来源于国家统计局社会科技和文化产业统计司编制的《全国企业创新调查问卷（服务业用）》（2016—2017 年）。

供应链创新是当前零售商经营模式创新热点和前沿，它涵盖了调查问卷中所提示的供应链管理、质量管理与信息共享制度等创新实践。供应链是一种先进的集成管理思想和方法，沃尔玛等零售巨头早年就已经采用了先进的供应链管理系统，实现快速反应的供应链管理，节省了厂商库存、物流以及搜寻需求信息的成本。随着信息技术发展，供应链已发展到与互联网、物联网深度融合的智慧供应链新阶段，因其在经济提质增效中的重要作用，受到企业和政府广泛重视，《国务院办公厅关于积极推荐供应链创新与应用的指导意见》（国办发〔2017〕84 号）、商务部等 8 部门《关于开展供应链创新与应用试点的通知》（商建函〔2018〕142 号）提出要积极创新发展流通供应链，优化城市居民生活供应链体系提高居民生活智能化和便利化水平，以及优化与生产深度融合的供应链协同平台引导生产端优化配置生产资源，进一步提升为双边服务的水平，重点是降本增效。

企业内部管理创新强调零售商根据新任务和新目标来划分组织的功能，对所有管理活动进行重新设计，对职位和部门设置进行调整，改进工作流程与内部信息联系，包括管理人员的重新安排、职责权限的重新划分等。组织管理变革，一方面优化了企业部门数量，使职能界限更为明晰，沟通协调更加通畅，达到降低企业管理成本、提高管理效率的目的。另一方面各部门更为专业化，有利于形成人力资本。据 2016—2019 年上市零售企业年报，中央商场等零售商进行了相关实践。中央商场建立以业绩为导向的基层调薪机制，向绩优员工倾斜，激发基层管理者主动作为和业绩优先意识，公司人力资源配置得到持续优化。永辉股份深化组织架构变革，运用科技信息化赋能团队通过搭建平台、区域、小店自组织，继续推进小店合伙人任职培训、储备品类教练班、区总教练创业营、合伙人教练创业营等培训，建立线上知识库，完成小店全职员工到小店长的课程内容，初步实现线上自主学习、考试、交流、报表评估，完成线上共享学习课程 180 个，开展微课学习 19 次，服务达万人次。通程控股改革了商业板块运管模式，将原有商业总公司重构为百货与电器两个专业经营分公司，扁平层级，为进一步提质经营打下了基础。

外部关系创新逐渐凸显，零售商经营更具经济性。零售商在联合采购、知识共享、资源共享中形成了外部规模经济，商业联盟等各种新式合作组织连续不断出现。从经营多年的世界最大自愿连锁组织 SPAR 到中国首个紧密型零售商业联盟蚂蚁商业联盟，零售商可以加入的合作组织日益丰富，获得的管理服务和共享资源不断升级，为企业的营运服务节省了管理成本、设备成本以及采购成本。除了产业内的抱团取暖，零售业还常常依托外包、分包等组织创新，向专业的物流业、信息技术业、物业、法律机构等购买服务，获得分工带来的专业化经济性。据 2016—2017 年上市零售企业年报，阿里菜鸟和利群股份两家公司从事了相关实践。阿里菜鸟联合圆通、中通、韵达、申通、百世等主要加盟制快递企业协同共享布局末端共同配送，促进高效配送体系进一步提升。利群股份公司实施了智慧供应链信息管理升级改造项目，对公司的信息系统进行全面升级，与SAP、IBM签署全面战略合作协议，进一步提升公司的信息化管理水平，提升公司运营管理效率和质量。

零售商组织（管理）创新指标内涵较为丰富，体现了专业化经济、管理优化带来的经营成本降低，与零售商内部创新内涵相同。

5. 实现创新企业数量

实现创新企业数量，是指被调查企业中成功实施创新的企业数量。该指标越高，说明行业中创新企业数量越多，这种创新在行业越为普及。实现创新企业数量，体现了零售商创新与零售业创新的区别，一方面包含了创新类型，另一方面说明了创新企业集合。

3.2.3　指标构建假设提出

在零售业创新调查中，有5个统计指标，分别是零售业被调查企业数、实现产品（服务）创新企业数、实现营销创新企业数、实现组织创新企业数、实现工艺创新企业数。依据零售业创新内涵，相应指标首先要体现创新类型，其次能够反映创新在产业的扩散程度。在张昊（2016）、杨水根（2018）等学者的研究中，零售业研究使用了平均指标，避免各省由于国土面积或者经济发展水平差异造成的总量指标意义偏差，这为本文指标构建提供了经验借鉴。本书使用27个省（自治区、直辖市）2016—2019年度数据①，被调查企业数量2019年与2016年相比，有17个省市增长了，有10个省市减少了（见表3-4）②。企业数量减少使得样本总体变小，创新企业数量也有可能会因为样本总体变小而减少，而这种减少不能说明产业创新水平降低。例如，上一期创新带来的优胜劣汰、产业兼并重组，使

① 鉴于数据可得性和相关性，本书未使用上海、湖北、贵州、西藏等省（自治区、直辖市）数据。

② 本书使用的依申请公开的数据以各省、直辖市2021年提供的为准。

得当期企业数量减少，这些企业具有较强的创新条件和创新能力，即使全部企业都创新，创新企业数量最多和当期企业数相等，有可能仍低于上期创新企业数，但这并不代表产业创新水平降低。为了避免被调查企业总数变动对测度结果的影响，本书选取各类型创新企业数量占被调查企业总数的比例作为零售业创新测度指标。该指标值越大，说明零售业创新水平越高，合成放大效应与合成谬误问题也随之增加。

表3－4　全国27个省（自治区、直辖市）零售业被调查企业数量变化情况

单位：个

地区	2016年	2019年	增幅
北京	1 922	2 496	574
天津	1 185	992	－193
河北	2 518	2 565	47
山西	2 084	2 067	－17
内蒙古	1 337	1 086	－251
辽宁	2 473	2 226	－247
吉林	1 723	1 189	－534
黑龙江	1 275	1 174	－101
江苏	8 499	8 666	167
浙江	5 633	6 267	634
安徽	4 651	5 128	477
福建	5 593	7 230	1 637
江西	2 331	3 449	1 118
山东	8 677	5 487	－3 190
河南	7 020	6 675	－345
湖南	4 670	6 436	1766
广东	8 442	8 755	313
广西	1 965	2 591	626
海南	200	345	145
重庆	3 459	3 288	－171
四川	4 489	4 633	144
云南	2 225	2 305	80

续表

地区	2016 年	2019 年	增幅
陕西	3 355	4 374	1019
甘肃	1 119	962	－157
青海	229	281	52
宁夏	283	297	14
新疆	923	1 136	213

资料来源：本表数据来源于作者 2021 年向各省、直辖市统计局申请公开获得的数据。

通过对统计指标含义的分析，结合已有运用 OECD 创新调查进行的研究（胡雅蓓和张为付，2015）①，提出零售业外部创新和零售业内部创新测度指标假设：

假设 1，零售业外部创新（EI）由零售业产品创新（实现产品创新零售企业数量在零售业被调查全部企业占比）和零售业营销创新（实现营销创新零售企业数量在零售业被调查全部企业占比）两个指标构成。

假设 2，零售业内部创新（II）由零售业工艺创新（实现工艺创新零售企业数量在零售业被调查全部企业占比）和零售业组织创新（实现组织创新零售企业数量在零售业被调查全部企业占比）两个指标构成。

3.3　零售业创新指标构建验证

3.3.1　验证方法

要建立一个科学的评价体系，首先需要使用探索性因子分析确定指

① 胡雅蓓和张为付（2015）在应用世界银行调查数据进行研究时，把产品创新和营销创新作为扩大市场的第一类创新，把流程创新和工艺创新作为降低成本的第二类创新。

标，建立理论；然后使用验证性因子分析验证构建指标体系的合理性。本书在产业创新机理部分提出了零售业外部创新与零售业内部创新，该分类有产业竞争理论、流通经济理论和创新理论支撑并且与零售业创新发展的实践相符合。本书对创新的分类有较为详细的理论梳理和实践整理，又有前人的研究基础，因此可跳过探索性因子分析阶段，但验证性因子分析必不可少。

验证性因子分析往往通过结构方程模型来实现，属于结构方程模型的一种次模型，是结构方程模型的一种特殊应用。该模型主要分析概念化的、难以观测的潜在变量与能够直接观察的变量间的路径影响关系，由测量模型和结构模型两部分组成的，表达形式分别为：

$$X = \Lambda_x \xi + \delta \tag{3.1}$$

$$Y = \Lambda_y \eta + \varepsilon \tag{3.2}$$

$$\eta = B\eta + \Gamma\xi + \zeta \tag{3.3}$$

在测量模型中，因变量均为观测变量。X 和 Y 的区别为外生变量和内生变量；因此 ξ 和 η 分别为对应的外生潜变量和内生潜变量；系数 Λ_x 和 Λ_y 为对应的因子载荷矩阵。结构模型没有可观测变量，所有变量均为潜变量，B 是内生潜变量的路径系数；Γ 是外生潜变量的路径系数；δ、ε 分别是测量模型的内生误差项和外生误差项；ζ 是结构模型的误差项。路径系数的显著性验证了因子结构假说的可信性。

本书通过验证性因子分析，检验潜变量与观测变量间的相互关系是否显著。一般来说，因子分析的样本数不少于 100，否则软件运行容易出现迭代失败而没有计算结果，或者出现不合理的解，例如变量方差估计为负值等（Loehlin，1995）。当样本容量因客观因素无法增加时，因子分析最起码样本量大于等于指标数量（吴明隆，2000），结构方程模型中样本容量至少是指标个数的 15 倍（Stevens，1994；Bentler 和 Chou，1987）也是合理的。本书使用了 108 个样本和 4 个指标，达到了验证性因子分析方法对样本容量的基本要求。

3.3.2 拟合评价和参数估计

根据假设 1、假设 2，本书运用 Amos21 软件对假设进行验证性因子实证。图3－1表示零售业外部创新和零售业内部创新的一阶二因子验证性模型，图中椭圆代表潜变量，矩形代表四个观测指标，圆形代表残差。

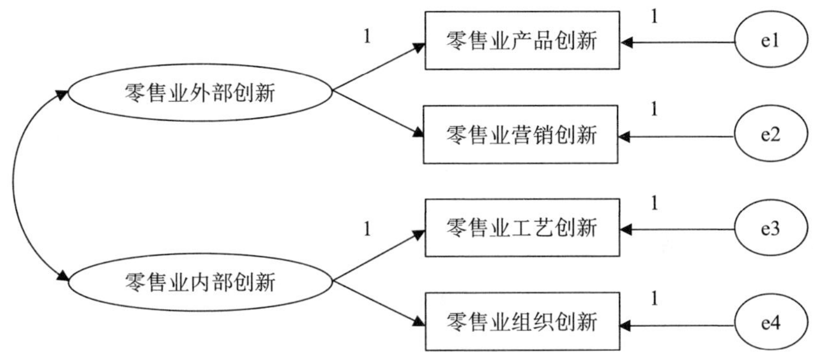

图3－1　一阶二因子验证性模型

运行amos后，模型GFI为0.99，CFI为1.00，均高于0.90，结果表明该模型具有较好的拟合度。零售业产品创新和零售业营销创新在零售业外部创新上的标准化负荷分别为1.00和2.35，且均在1%的水平上显著；零售业工艺创新和零售业组织创新在零售业内部创新上的标准化负荷分别为1.00和3.04，且均在1%的水平上显著（见图3－2）。因此，该模型拟合良好。

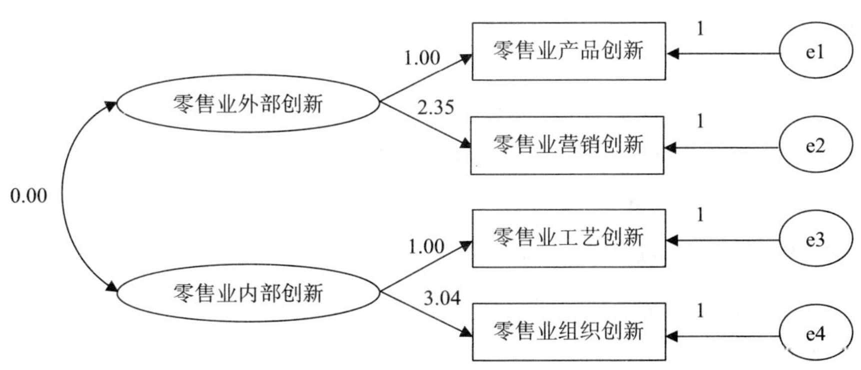

图3－2　一阶二因子验证性模型路径系数

以上研究表明，零售业外部创新与其各维度、零售业内部创新与其各维度路径系数均显著（见表3－5），这说明零售业外部创新由零售业服务创新和零售业营销创新两个方面构成，零售业内部创新由零售业工艺创新和零售业组织创新两个方面构成，指标构建通过验证。

表3-5　　一阶二因子验证性模型因子分析标准化负荷

	Estimate	S. E.	C. R.	P
零售业产品创新←零售业外部创新	1.00	0.89	2.65	0.01
零售业营销创新←零售业外部创新	2.35			
零售业组织创新←零售业内部创新	1.00	0.47	6.49	0.00
零售业工艺创新←零售业内部创新	3.04			

资料来源：本表数据来源于amos26软件分析结果。

3.4　我国零售业创新现状分析

3.4.1　我国零售业创新总体现状

2016年，全国98 215个被调查零售企业中有6 689个企业实现了产品（服务）创新，占比为6.81%；有23 014个企业实现了营销创新，占比为23.43%；有7 446个企业实现了工艺创新，占比为7.58%；有19 261个企业实现了组织创新，占比为19.61%。零售业外部创新水平为30.24%，内部创新水平为27.19%。

2019年，102 414个被调查零售企业中有5 903个企业实现了产品（服务）创新，占比为5.76%，比2016年减少了1.05个百分点；有27 925个企业实现了营销创新，占比为24.30%，比2016年增加了0.87个百分点；有7 345个企业实现了工艺创新，占比为7.17%，比2016年减少了0.41个百分点；有22 075个企业实现了组织创新，占比为21.55%，比2016年增加了1.94个百分点。零售业外部创新水平为30.06%，比2016年减少了0.18个百分点；零售业内部创新水平为28.72%，比2016年增加了1.53个百分点。表3-6表明，零售业创新水平2019年与2016年相比，指标值有增有落，增幅大于降幅。在零售业创新的四个统计指标中，零售业组织创新增幅最大，零售业营销创新紧随其后，零售业产品创新和零售业工艺创新有所回落。在零售业创新的两个测度指标中，零售业内部创新增幅高于零售业外部创新。

表3-6　全国零售业创新水平及变化情况（2016—2019年）　单位:%

类型	2016年	2019年	增幅
零售业服务创新	6.81	5.76	-1.05
零售业营销创新	23.43	24.30	0.87
零售业工艺创新	7.58	7.17	-0.41
零售业组织创新	19.61	21.55	1.94
零售业外部创新	30.24	30.06	-0.18
零售业内部创新	27.19	28.72	1.53

资料来源：本表数据来源于《全国企业创新调查年鉴》（2017—2020年）。

依申请公开数据极值分析结果表明，各省零售业创新具有较大的差异性（见表3-7）。

表3-7　全国27个省（自治区、直辖市）零售业创新极值表（2016—2019年）　单位:%

统计指标	最小值	最大值
零售业产品创新（实现产品创新企业占比）	0.43	34.93
零售业营销创新（实现营销创新企业占比）	15.95	37.99
零售业工艺创新（实现工艺创新企业占比）	1.66	12.66
零售业组织创新（实现组织创新企业占比）	10.83	51.70
零售业外部创新	18.80	64.11
零售业内部创新	12.78	59.66

资料来源：本表数据由作者向各省、直辖市统计局申请公开获得的数据整理而得。

3.4.2 我国零售业创新区域现状分析

1. 各区域零售业创新现状

按照国家统计局东、中、西、东北部的分类标准，本文对2019年我国

27个省（自治区、直辖市）的零售业创新水平进行比较分析（见表3－8），结果表明：西部地区零售业创新水平靠前，其零售业产品创新、零售业营销创新、零售业组织创新水平均高于其他区域，零售业工艺创新略低于中部地区；中部地区具有较高的零售业创新水平，在零售业工艺创新方面优势明显，零售业产品创新、零售业营销创新水平均高于东部、东北部地区，零售业组织创新水平略显不足；东部地区零售业组织创新水平略低于靠前的西部地区，零售业产品创新、零售业营销创新、零售业工艺创新均低于西部、中部地区；东北地区零售业各创新水平普遍较低。

表3－8　2019年全国27个省（自治区、直辖市）零售业创新统计指标均值

单位：%

地区	产品创新	营销创新	工艺创新	组织创新
东部	5.05	26.41	6.30	21.99
中部	5.72	27.20	7.15	21.20
西部	8.18	28.70	6.96	23.81
东北	3.83	22.23	4.56	16.85

资料来源：本表数据由作者向各省、直辖市统计局依申请公开获得的数据整理而得。

表3－9表明，在零售业外部创新方面，东、中、西部差异不大，分别为31.46%、32.91%和36.88%，东北地区仍明显低于其他地区，仅为26.06%。零售业内部创新方面，西部地区明显高于其他地区为30.76%，其次是中部和东部地区，分别为28.35%和28.29%，东北地区仍然最低，仅为21.41%。总体而言，西部、中部地区零售业创新水平排在前列，而东部地区略低于西、东部地区，东北地区零售业创新水平最低，由此形成了零售业创新水平中西部高、东部居中、东北地区最为薄弱的现状。

表3－9　2019年全国27个省（自治区、直辖市）零售业创新测度指标均值

单位：%

地区	外部创新	内部创新
东部	31.46	28.29
中部	32.91	28.35

续表

地区	外部创新	内部创新
西部	36.88	30.76
东北	26.06	21.41

资料来源：本表数据由作者向各省、直辖市统计局依申请公开获得的数据整理而得。

表 3－10 表明，2019 年与 2016 年相比，各区域零售业外部创新水平均有所提高，东、中、西、东北部零售业外部创新水平分别提高了 1.53%、1.53%、0.5%和 3.53%；各区域零售业内部创新水平有起有落，东北部零售业内部创新水平增加了 1.51%，东、中、西部零售业内部创新水平减少了 1.07%、0.07%、0.18%。

表 3－10　全国 27 个省（自治区、直辖市）零售业创新均值变化情况（2016—2019 年）

单位:%

地区	外部创新		内部创新	
	2019 年	2016 年	2019 年	2016 年
东部	31.46	29.93	28.29	29.36
中部	32.91	31.38	28.35	28.42
西部	36.88	36.38	30.76	30.94
东北	26.06	22.52	21.41	19.90

资料来源：本表数据由作者向各省、直辖市统计局依申请公开获得的数据整理而得。

2. 我国零售业创新区域分布特点及成因

中、西部地区零售业创新活跃。东部地区是我国经济较为发达的地区，是改革开放较早的地区，零售业发展有丰富资本基础和经验积累，主要创新类型是原始创新，零售业创新因难度较大而处于中等水平。中、西部地区零售商所实施的创新大都来自东部的溢出效应，是追随原始创新的模仿创新。

西部地区近年来较高的创新水平表明，该地区零售商的创新意愿和学习能力在不断增强。创新的推广与应用，一方面需要资金保障才能开启，另一方面需要市场规模增加予以支撑，西部大开发政策的效应积累，特别是近年来“一带一路”倡议为西部地区发展带来契机与改变，为西部地区零售业创新发展创造了良好的经济环境。在基础设施建设和经贸往来的推动下，西部地区成为我国对外开放的新高地。在内外贸一体化的进程中，零售业通过引入资本、技术、管理，利用外资的质量和水平在不断提升；商品进口卫生安全等审批程序，进口食品检验检疫审批手续简化，国外知名品牌进口加速；信息、交易、支付、物流等服务支撑不断完善，过境通关、外汇结算等关键环节持续优化。设施连通、资金融通以及政策沟通的发展都为零售业创新营造了良好的市场与制度环境。

3.4.3 我国零售专利分析

近年来，国外学者开始利用专利数据描述和测度零售业创新，发现零售业创新类型在不同时期的热点和规模变化，分析零售业创新类型演进的特征。为了更全面地展现我国零售业创新类型及其发展变化过程，本书使用中国零售专利数据，分析 1992 年以来我国零售业在不同发展阶段的创新热点，说明零售商内、外创新的具体内容和零售业创新的规模。借鉴刘晓英等（2018）对中国专利信息挖掘的研究方法，本书利用武汉大学 ROST 团队开发的 ROST CM6 中文专利分析软件，使用中国知网专利数据库数据，查找主题中含有“零售”的专利申请数据，分析 1992 年 1 月—2019 年 7 月零售创新内容。

伴随着改革开放，我国现代零售业态逐步发展壮大。零售商业市场正式对外开放始于 1992 年，自 2004 年 12 月 1 日起全面对外开放。本书将 1992—2004 年以 2000 年为界分为两个时间段，2004 年全面开放后每五年为一个阶段，进行统计分析。

1. 我国零售专利申请数量分析

我国零售业改革开放始于 1992 年，这之后现代零售业态开始引入、变迁和引领。时至 2019 年 7 月 31 日，中国知网专利数据库包含“零售”关键词的专利累计已有 3 000 余条（见图 3 - 3）。其中，1992—1999 年有 28 条，2000—2004 年有 109 条，2005—2010 年有 406 条，2010—2016 年有 1 546条，2017—2019 年 7 月有 1 183 条。2000 年前，专利申请数量很少，零售业技术含量比较低。2000 年以后，零售专利申请数量开始加速增多，特别是近十年来，零售专利申请量呈现“井喷式”发展，行业发展已经逐渐显现科技含量增加的特征。

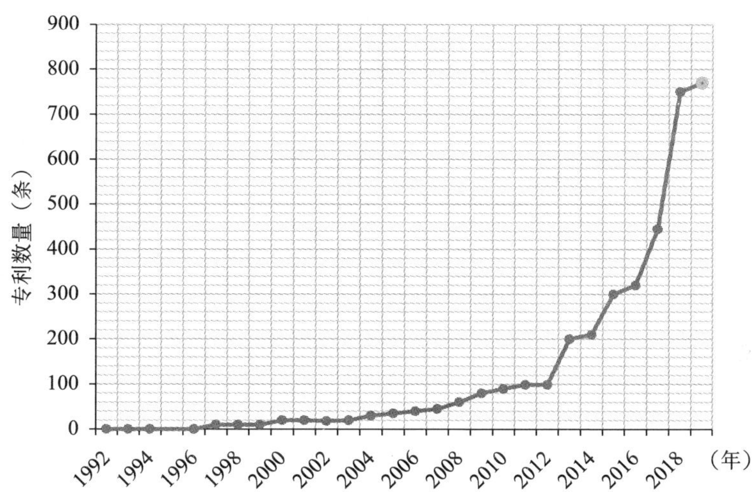

图 3－3　我国零售专利申请数量图（1992 年 1 月至 2019 年 7 月）

资料来源：本图根据中国知网专利数据库数据整理而得。

2. 我国零售专利申请类型分析

零售商创新涵盖发明公开、实用新型、外观设计和发明授权四种专利类别。发明和实用新型是技术方面的专利，外观设计是艺术设计方面的专利。发明授权标准最高，具有最强的新颖性、创造性和实用性，一旦授权就能换得高经济收益。在 3 310 项零售专利中，发明专利有 1 846 项，占比 55. 77%；实用新型有 1 131 项，占比 34. 17%；外观设计有 332 项，占比 10. 03%（见图 3－4）。发明是主要的专利类型，这表明零售专利具有较高的申请价格，零售商购买和应用专利的成本较高。

3. 我国零售专利图谱分析

中国知网专利数据库可查询专利申请号、申请日、摘要、主权项等信息。武汉大学 ROST 团队开发的 ROST CM6 软件具有良好的中文专利信息技术挖掘功能，可从专利资料中提取出现频率较高的词语，并分析其关联程度。经过导入、分词、筛词等操作，本书对 1992 年 1 月至 2019 年 7 月

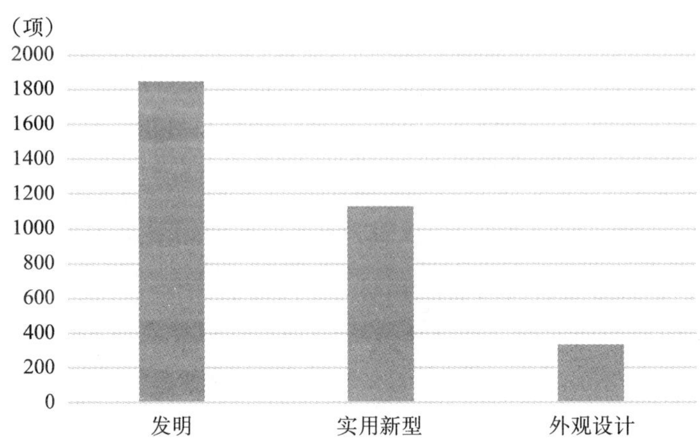

图 3 -4　我国零售专利申请类型（1992 年 1 月至 2019 年 7 月）

我国零售专利信息进行图谱分析，形成语义网图。语义网中词语对应的节点面积越大，表明该词出现的次数越多。

图 3 -5 表明，1992—1999 年我国零售专利主要集中在自动化技术和计算机应用领域，例如应用现代化商场管理手段自动识别购买日志中的交易信息、商店收款、利用柜台计算机等，这些技术主要以降低零售商运营成本为目的。

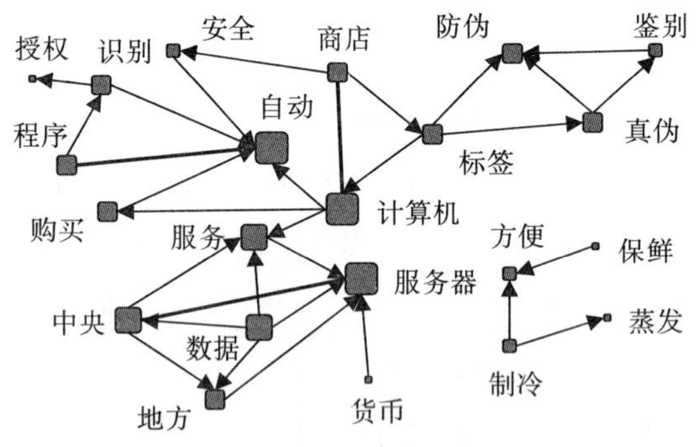

图 3 -5　我国零售专利语义网图（1992—1999 年）

图 3 -6 表明，我国零售专利技术在 2000—2004 年期间主要是计算机技术，其通过计算机系统传输购买数据、折扣数据、广告数据、通信数据、因果数据等。同时，广告在零售中开始发挥举足轻重的作用，比如袋体外表面上粘贴有广告宣传标志，提供带有广告板的超市手推车等。这样

的广告宣传效果是显著的，增加了曝光度，提高了零售企业营业利润。超市开始成为专利主要词汇，这一方面说明超市业态发展加快，另一方面表明超市开始成为应用专利最多的业态。

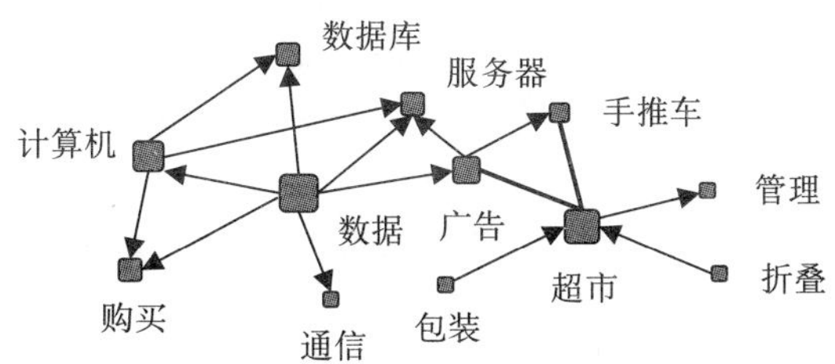

图 3-6　我国零售专利语义网图（2000—2004 年）

图 3-7 表明，超市成为 2005—2010 年期间出现最多的专利词汇。围绕超市发展，以货架、展示、自动、标签、广告为主要内容的零售专利为消费者提供更多的便利。超市也开始引入云超市系统，增加与顾客的订单确认等环节，多渠道提升顾客的购物体验。此外，移动电话、移动商务服务器模块、移动销售自动系统等创造的可移动零售环境，更加方便了消费者随时购买。

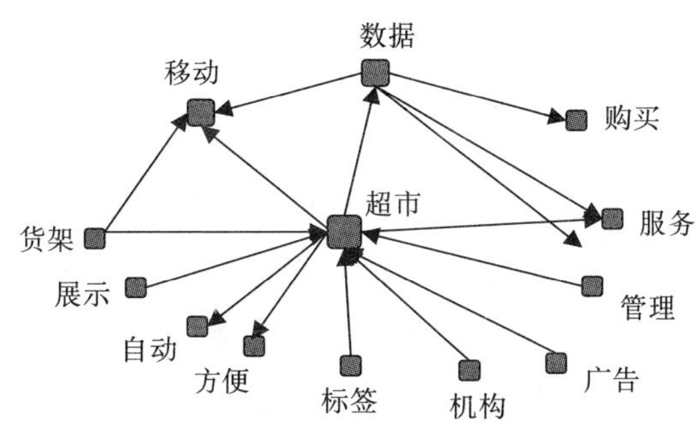

图 3-7　我国零售专利语义网图（2005—2010 年）

图 3-8 表明，2011—2016 年，超市仍然是出现最多的词汇。与之前相比，2011—2016 年的语义网出现了支付、识别、智能、无线四个新词。支付宝、微信等移动支付使得零售支付更加便捷，智能化、自动化也满足了人们快节奏生活的要求。

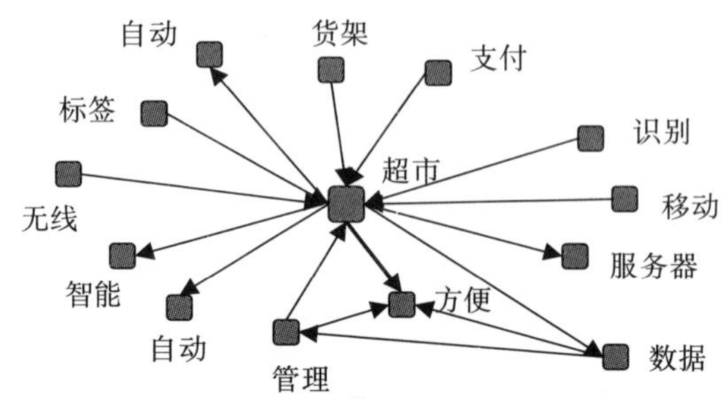

图 3－8 我国零售专利语义网图（2011—2016 年）

图 3－9 表明，2017—2019 年 7 月，“无人”新晋为零售专利热词。有无人超市、无人零售机器人、无人零售系统及无人零售系统商业运营模式，无人货架代替劳动力，旨在节省成本和提升零售效率。

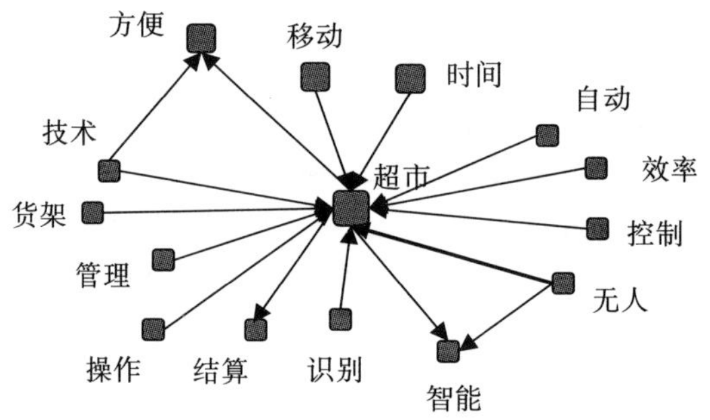

图 3－9 我国零售专利语义网图（2017—2019 年 7 月）

零售专利分析表明，我国零售专利近年来迅速发展，主要应用于超市业态。零售商应用货架、展示、自动、标签、广告、支付、识别、移动为主要内容的零售专利实施外部创新方便了消费者购买，应用无人、智能、无线为主要内容的零售专利实施内部创新降低了运营成本。

3.5 本章小结

本章根据零售业创新内涵和机理，利用新近开展的全国企业创新调查统计数据和 2016—2019 年上市零售商的创新实践，分别提出零售业外部创新和零售业内部创新测度指标假设，并使用依申请公开获得的各省（市、区）零售企业创新调查统计数据对假设进行验证性因子分析。结果表明，零售业外部创新水平由实现服务创新零售企业占比和实现营销创新零售企业占比测度，零售业内部创新水平由实现工艺创新零售企业占比和实现组织创新零售企业占比测度。零售业创新现状分析表明，当前我国零售业外部创新水平高于内部创新水平、中西部零售业创新水平高于东部、“一带一路”地区具有更高的零售业创新水平。为了更为全面地展现我国零售业创新类型及其发展变化过程，本章最后利用 ROST CM6 中文专利分析软件分析了我国零售专利自 1992 年以来的发展变化。

第 4 章

零售业创新对零售产业绩效的影响效应分析

本书前述工作之一是在产业层面分析了零售商创新集合，从零售商创新到零售业创新，一方面存在诱发创新不断深入的合成放大效应，另一方面存在影响创新绩效实现的合成谬误问题。在这两种理论效应并存的情况下，当前我国零售业创新如何影响零售产业绩效？程度如何？本章对这些问题展开研究，其结论有助于厘清当前零售业各创新的主导合成效应，增强后续消费效应和产出效应分析的解释力。

4.1　产业绩效的理论基础及测度指标

4.1.1　产业绩效的理论基础

产业经济学的起点是"马歇尔冲突"，从规模经济和竞争效应两个视角探讨产业增长问题。产业组织理论发展经历了哈佛学派、芝加哥学派和新产业组织理论三个阶段。哈佛学派是较早从事产业组织理论研究的学派，以案例研究为主要手段，构建了 SCP（市场结构—市场行为—市场绩效）理论分析范式。在早期的 SCP 分析范式中，市场结构、市场行为和市场绩效之间是单项因果关系，即市场结构决定市场行为，市场行为决定市场绩效。哈佛学派将竞争市场作为理想的市场结构，主张对导致市场集中的大企业采取分割政策和实行严格的兼并控制，以实现良好的市场绩效。芝加哥学派提出有效竞争概念，建立了可竞争市场理论，说明企业规模扩大和市场集中度提高并不意味着无效率的垄断。规模经济理论表明，企业如果存在规模经济，规模扩张不仅不会造成资源错配，反而会因平均成本降低而提高资源利用效率。在规模经济较为明显的行业，集中的市场结构具有更高的市场绩效。20 世纪 80 年代以来，产业组织理论引入交易费用理论、博弈理论等新理论和新方法，形成了新产业组织理论。新产业组织理论者认为，企业规模受交易费用影响，企业适度规模研究就是在企业和市场两种治理结构中寻找一种最优结合方式，如果企业内部交易成本高于外部交易成本，那么即使企业规模较大，依然是市场治理结构有效。

产业组织理论各学派观点不同，但都在研究市场结构、市场行为和市场绩效之间的关系，并且更多学派认同有效市场结构理论。市场结构向有效竞争优化，能够同时兼顾规模经济和竞争效应。竞争效应体现为企业有不断进步、不断创新的压力和动力，企业经营成本降低，产品及服务质量改进。本书在分析产业创新的合成效应时，认为竞争效应促进了创新在产业的扩散，但这种扩散需要符合一定假设，而且可能产生合成谬误问题，有必要从合成角度分析竞争效应。因而，本章分别分析零售业各创新对市场结构优化和零售业技术进步的影响效应。

4.1.2 产业绩效的测度指标

1. 市场结构优化效应

可竞争市场理论表明，与大量原子型企业的完全竞争市场结构相比，适度竞争的市场结构兼顾了自由竞争和规模经济的优势，在降低产业成本方面能够发挥更好的促进效应。

市场结构常用市场集中度等指标测度。集中度，是指产业中前 m 个企业的销售额、固定投资等占产业总体的比例，m 取值一般为 4 或 8，能够较好地反映产业中市场垄断或竞争的程度。企业数量和规模也能在一定程度上反映产业的市场结构。如果企业数量过多，而且规模普遍偏小，则产业组织化程度较低，市场结构较为分散；如果企业规模得到提升，产业内企业数目合理，能形成有效竞争，则产业组织化程度较高，市场结构较为集中（王晓东，2013）。

2. 产业技术进步效应

产业技术进步，是指产业内产品和工艺技术进步的程度。虽然产业技术进步完全可以观察到，但缺乏理想的测度指标。研发费用和专利数据资料较好搜集，但与产业技术进步内涵有一定差距。使用研发费用测度技术进步存在三个问题：第一，在一些小的公司，公司账目上不存在研发条目，但这并不意味着不存在创新；第二，与之相关地，创新的成功并不只是要求研发费用的支出，也要求一些其他在设计、培训、投资等方面的平行支出，仅靠高研发支出并不意味着大量的创新；第三，一些公司可能担忧账目上过高的研发费用数字会对其股票市值产生不利影响，因为研发支出会被看作风险投资。实用专利作为测度技术进步的工具，一方面是发明，存在不会被商业化的可能；另一方面，会被当作保护发明最不重要的一种方法出现，因为专利在保护期结束后会被公开，导致企业机密泄露。全要素生产率反映了产业实际运用技术情况，虽然其计算较为繁琐并且构成较为复杂，但在研究中得到广泛使用。

4.2　零售业创新对零售业市场结构优化的影响效应分析

4.2.1　我国零售业市场结构现状及评价

1. 我国零售业市场结构现状

市场集中度（CR_4 和 CR_8）是测度产业市场结构的常用指标。根据美国产业经济学家贝恩的产业结构分类标准，当 CR_4 小于 30%，或者 CR_8 小于 80%，产业处于完全竞争状态。图 4－1 表明 2010—2017 年我国限额以上零售业 CR_4[①] 的最大值为 4.84%，CR_8 的最大值是 6.96%，都处在较低的集中度水平。

2. 零售业理想市场结构

在一定技术条件下，如果企业平均成本长期在某一区间上随着企业产出增加而减少，则存在规模经济。与制造业一样，零售业同样存在规模经

① CR_4（CR_8）的计算方法是行业中规模最大的 4（8）家企业销售额占行业总销售额的比例。此处零售业排名数据来源于各年度中国连锁经营协会发布的“中国连锁百强排行榜”，行业销售额使用限额以上零售商总销售额指标。

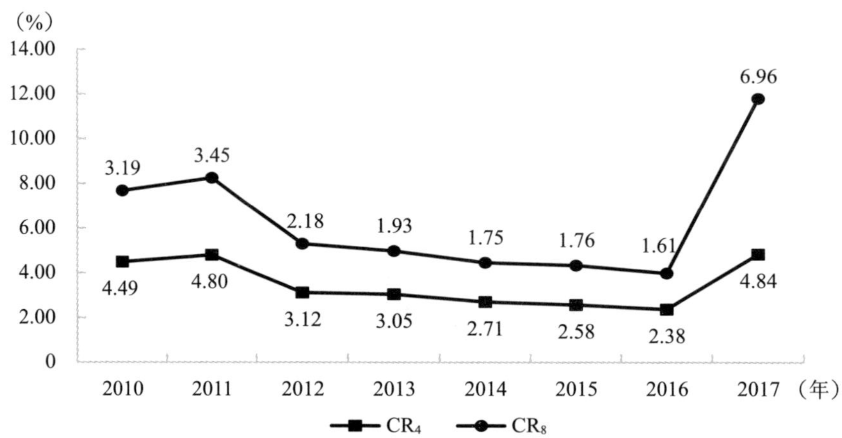

图 4-1 我国零售业市场集中度图（2010—2017 年）

资料来源：本图根据 CR_4、CR_8 计算结果，由作者绘制。

济。零售商完全专业化于“交易的生产”（Demsetz，1997），其资产通用性和技术稳定性打破了“企业复制和有选择性控制的不可能性”（Williamson，2002）。零售商拥有一定的资本规模、专用的交易技术和成熟的零售网络，以集中交易替代了制造商和消费者间的分散交易从而减少了交易次数，以反复交易替代一次性交易规避了交易主体的机会主义行为，以合理网点设置缩短了交易距离，进而能够实现生产“交易”的规模经济。

零售业理论研究以及发展实践表明零售业具有大规模零售的特征。大规模零售概念是美国哈佛商学院零售专家麦克奈尔（Mcnair）在 1931 年提出的，他认为这是 20 世纪早期零售业发展的重要特征和趋势。钱德勒（Chandler，1987）在著作《看得见的手》中，以 18 世纪 90 年代到 19 世纪 40 年代多个产业的大量史料，阐述了现代工商企业如何在市场和技术发展中诞生以及迅速发展，展现出“大型与联合”（Integrated）的产业发展规律。钱德勒研究了零售业发展史料，发现运输产业和金融产业发展分别降低了物流和融资成本，直接交易销售额不断上升，大型零售商开始并逐渐取代批发商地位。他们建立与批发商不相上下的采购组织，加大从制造商直接采购，并发展到与批发商具有同样庞大销售量，甚至更快的库存周转。书中分别研究了百货公司、邮购公司和连锁商店三种大型零售业态发展过程。这三种零售业态，其策略、经营方式和管理组织大致相同，基本目标都是通过维持高速库存周转确保利润，而完成上述目标的方法则是发展管理网络以协调从供应商到最终消费者的货物流量。在日本，为了保护中小零售商发展及保障就业，政府自 1937 年颁布了一系列限制大型零售商发展的法律法规，此后的半个多世纪多次加强法律法规的限制性。随着理论研究深入以及消费者对放松管制的呼声提高，日本政府从 20 世纪 90 年代初期放松管制，直到 2000 年完全废除相关法规。之后，日本零售行业市场集中度持续提升，2015 年日本零售业前十强占零售业销售总额的 16.5%，比 2000 年的 11.8% 增加了 4.7 个百分点（朱丽娜，2016）。日本学者喜田圭一郎（Keiichiro Honda，2017）实证了日本零售业放松大店管制对消费者福利的影响，结果表明放松管制后零售价格降低并且服务水平提升，消费者福利得到极大改善。

规模经济是零售业效率的主要来源。戈登（Gordon，2003）发现虽然使用相同的信息通信技术（ICT）设备，法国零售业却没能够像美国零售业一样提升生产率，这说明信息通信技术（ICT）技术并不是零售业生产率提升的充分条件。如果没有大店的规模生产、物流设施升级、超市购物车应用以及免费停车场，仅凭信息技术，零售商难以提升生产率。福斯特等（Foster 等，2006）发现 20 世纪 80 年代以来零售业劳动生产率增速明显加快，这主要由于大规模重组形成了低成本大型零售商。伯克利（Burkley，2008）通过比较 1950—1980 年美国与英国相关数据，证实了大规模零售是提升零售业效率的重要影响因素。拉卡库斯（Lagakos，2016）对比分析了发达国家和一些发展中国家零售业效率数据，发现不论在哪个地区，超市的劳动生产率都比夫妻店高 1 倍，结果表明零售商生产活动有是规模经济性的。

3. 国外零售业市场结构发展状况

在经济发达国家，零售产业市场结构较为集中。本书选取美国、日本这两个当今经济发达的国家（地区）和印度这一发展中国家，探讨国外零售产业市场结构状况，对比说明我国零售业市场结构发展水平。

美国作为世界上经济最发达的国家，零售产业发展水平也位于世界前列。零售商规模庞大，行业集中度高。20 世纪 50 年代末到 80 年代中后期，美国零售业市场集中度 CR_4 的平均水平在 16% 以上（李颖灏，彭星闾，2006）。21 世纪前十年，行业市场集中度略有下降，但仍保持在 15% 以上（王晓东，2013）。近年来，美国零售业市场集中度 CR_4 在 12% 左右①，且基本平稳，上下波动较小，说明美国零售业市场结构已处于一个相对发展成熟的时期（见图 4－2）。

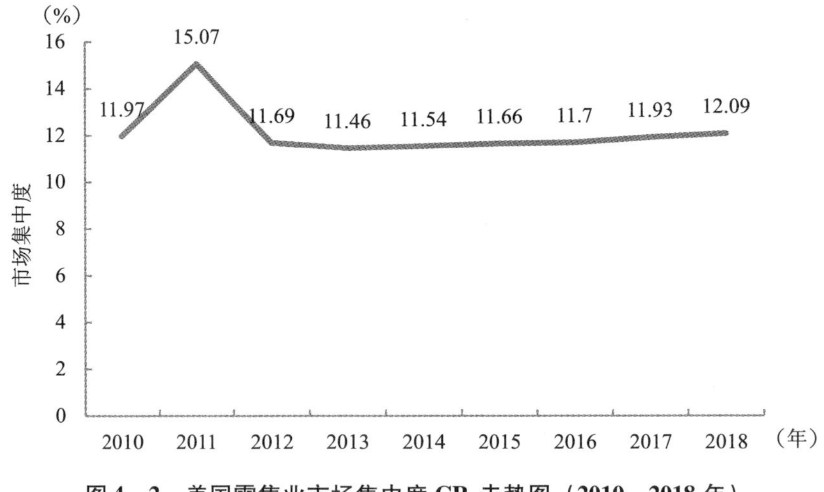

图 4－2　美国零售业市场集中度 CR_4 走势图（2010—2018 年）

资料来源：本图由作者根据 CR_4 计算结果绘制。

日本是零售业强国之一。2018 全球零售 250 强中，日本零售企业有 31 个，占 12.5%，仅次于美国；日本零售企业销售额占 250 强总销售额的 6.9%，位居第三（美国为 46.0%，德国为 10.4%）②。截至 2017 年 2 月，日本四所大型超市零售额占全国超市销售总额的比例为 35%，7－11 等四大便利店数量占全国便利店总数量的比例高达 91%，这表明当年日本零售业具有较高的市场集中度（见图 4－3）。

---

① CR_4 是指排名靠前的四家零售企业销售额占零售业总销售额的比例，其中 2010—2018 年的百强销售额数据取自美国 STORES 杂志 2011—2019 年 7 月刊，零售业销售额数据来自《美国统计摘要》。

② 资料来源：德勤发布的 2018 年全球零售报告（Global Power of Retailing 2018）。

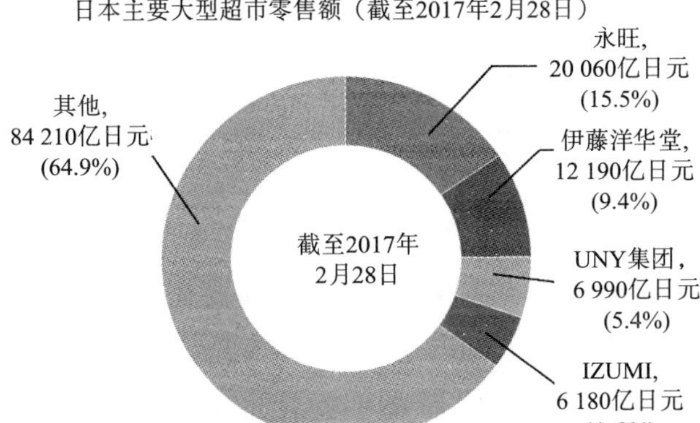

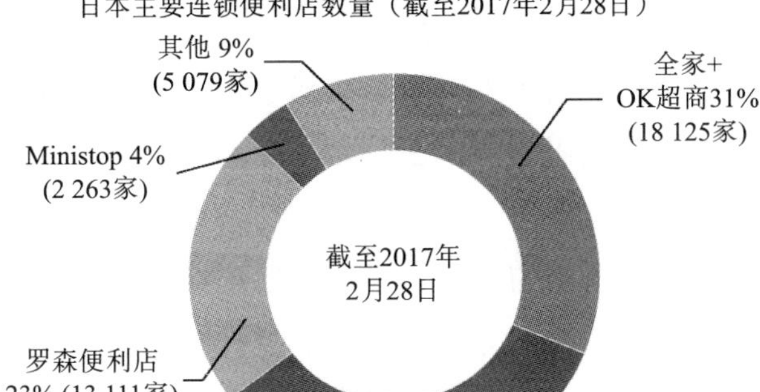

图 4－3　日本零售商市场份额图（2017 年 2 月）

资料来源：本图源于利丰研究院《日本零售最新资讯及未来趋势剖析》研究报告。

印度这个拥有近 14 亿人口，近年来 GDP 保持中高速增长的国家，正在成为全球最大的消费市场之一。印度的零售业主要分为两大块：组织零售（organized retail）及非组织零售（unorganized retail）。所谓的组织零售，是指向政府申请了营业执照的从业机构，主要包括超市、大型商店和连锁店，大约占印度零售市场的 7%（科尔尼，2017）。无组织零售业务，主要由一些传统的、小本买卖的政府注册商铺（夫妻店）经营，占印度零售市场总额的 93%。这些夫妻商店通常规模较小，从当地批发商购进货物进行销售。由于规模着实太小，设备（POS 机，店内广告系统等）运营不到位，没法提供更好的服务。印度零售业市场高度分散。

理论和实践表明，零售业具有显著的规模经济，较高的市场集中度能够更好地实现规模经济。我国零售业市场集中度起点低，虽然上升较快，但和美国、日本等零售业市场结构处于成熟阶段的国家相比，还有较大提升空间。

4.2.2 零售业创新影响零售业市场结构优化的机理分析

1. 零售业外部创新影响零售业市场结构的理论分析

外部创新的匹配机制有助于提升市场集中度。零售商外部创新以加大承接双边交易成本转移为目标，零售商承接双边交易成本转移程度受零售商匹配质量影响。零售商通过外部创新倍增了匹配质量，这些具有良好匹配质量的零售商对未创新零售商、弱创新零售商产生挤出效应，即外部创新零售商由于更好的匹配服务占据更大市场份额，行业市场结构呈现集中的发展趋势。随着技术创新与发展，零售商匹配服务更加依赖于大数据技术。大数据技术通过买家购物分析、关联产业购物分析以及消费者购物路径等逻辑模拟消费者偏好，不论哪一种逻辑都需要获取大量信息，或者是同一消费者的购物历史数据，或者是大量消费者的统计信息，信息获取对市场规模有一定要求。大型零售商基于市场规模实施外部创新获得匹配质量优势，继而吸引更多消费者，从而市场规模进一步扩大，形成正反馈循环。零售商为了积累大数据资源采用会员卡营销创新、APP 推广创新来锁定消费者，实施扩张战略。同时，个性化推荐能够帮助零售商创造更多交叉销售机会、提升产品销量，进一步推动零售商扩大品类，进行扩张（孙鲁平等，2016）。

外部创新的渠道整合机制有助于促进市场集中。渠道创新是当下零售商营销创新的重要形式，线上向线下融合的新零售，以及多业态融合的综合零售，都促进了产业兼并重组，提升了市场集中度。

关于市场结构对创新的影响有着较为成熟的研究框架，大体有注重企业创新能力的垄断市场促进论、强调企业创新动机的完全竞争市场激励论，还有介于垄断和竞争之间的适度产业竞争折中论，主要探讨激励研发投入的理想市场结构。而创新对市场结构的影响主要阐述创新类型如何改变行业市场结构。罗森克兰茨（Rosenkranz，2003）基于产品生命周期理论，认为当市场规模不断扩大时，厂商降低生产成本的动力不足，主要从事产品创新，直到某一产品成为市场主流，投资就会转向过程创新，因而产品创新使行业市场结构由早期的分散状态发展到成熟期的集中状态。以服务和营销为主要内容的零售业外部创新水平提升，表明行业进入产品创新高峰期，市场结构开始向集中状态发展。

随着零售业外部创新发展，零售业市场集中的特征越为明显。前文对零售业创新合成效应的分析表明，在零售商具有自主创新能力的前提假设下，零售业创新会在合成放大效应下促进零售商创新深化，提升创新质量，并与增加的创新企业数量一起促进行业创新供给增加。零售商外部创新主要源于创意、想法和经验，零售商作为创新主体，能够在创新扩散中自主完善和丰富已有创新，提升创新质量。零售业外部创新具备合成放大效应，其发展提升零售商外部创新质量，进一步促进零售业市场集中。据此，本文提出：

假设4.1　零售业外部创新对零售业市场结构优化有正向促进作用。

2. 零售业内部创新影响零售业市场结构的理论分析

零售商工艺创新正从依赖经验积累到借助现代信息技术及设施设备转变，需要新增软、硬件投资予以实现，因而融资渠道分析显得尤为重要。“鼓鼓钱袋”假说（McGee，1958）认为具有充足资金的在位大企业可以把筹资能力薄弱的小企业挤出市场或阻止潜在企业进入，但该假说被认为缺乏理论依据，因为小企业或者潜在进入者可以从外部融入足够的资金（Scherer，1980）。范登伯格和梯若尔（Fundenberg 和 Tirole，1998）再次否定了“鼓鼓钱袋”假说，认为在位企业比潜在进入者具有更多的成本信息，能够获得较低的融资利率来阻止潜在进入者进入或把新进入厂商驱逐出市场，但当企业采用新的工艺或重建新的组织，之前的成本不能代表新工艺或者新组织下的新成本，在位企业和潜在进入者一样不能显示其后续经营的成本，具有相同的信息不对称性。“鼓鼓钱袋”理论在解释创新融资方面具有局限性，小企业和潜在进入者与在位企业在实施工艺创新时面临相同的必要资本量壁垒，这有利于小企业发展以及新企业进入，行业竞争开始加剧。

零售商在纵向、横向以及内部开展的组织创新，不利于培育集中的市场结构。外包模式降低了零售商必要资本量进入壁垒，之前零售商需要进行大量固定资产投资以完成所有零售活动，而外包、分包使中小零售商无须单独进行前期固资产投资，而和其他零售商分摊固定资产投资，这降低了进行必要资本量进入壁垒（江霈和王述英，2005），有利于中小零售商进入市场。同样，商业联盟创造的规模经济使中小零售商在采购、管理等方面具有和大型零售商相同的成本，有利于中小零售商发展，不利于提高市场集中度。然而，零售业具有较强的规模经济性（Shaw 等，1989；Mostafa，2010），并且服务、工艺等创新发展对规模经济性具有较大的依赖性。在推进组织创新时，政府如果没有跟进有利于提高零售业市场集中度的政策引导，可能不利于产业提升绩效与创新发展。

以上分析表明，零售商内部创新降低了零售业进入壁垒，不利于形成集中的零售业市场结构和发挥零售业规模经济。并且，随着内部创新在产业扩散，产业中聚集了大量实施内部创新的中小零售商。零售业内部创新分散了大型零售商的市场份额，不利于提升零售业市场集中度。因此，本文提出：

假设 4.2 零售业内部创新对零售业市场结构优化有负面影响，不利于提高零售业市场集中度。

4.2.3 零售业创新影响零售业市场结构优化的实证分析

1. 模型构建

本文依据假设 4.1 和假设 4.2，建立模型 1（见公式 4.1）检验零售业外部创新和零售业内部创新对零售业市场结构的影响。

$$\ln^{mc_{it}} = a + \beta_1 \ln^{EI_{it}} + \beta_2 \ln^{II_{it}} + \beta_3 \ln^{ydg_{it}} + \varepsilon_{it} \tag{4.1}$$

在上述模型中，零售业市场结构作为被解释变量。在零售业市场结构实证研究中，学者常采用市场集中度指数（CR）或赫芬达尔 - 赫希曼

(HHI) 指数，这两个指标表示零售业销售额或者资产规模最大的4家或者8家企业在全部企业中所占比重。鉴于数据可得性，研究通常采用中国连锁经营协会每年公布的中国连锁百强企业相关数据或者中国商业联合会发布的中国零售百强名单。榜单表明，我国零售业发展存在较强的区域不平衡性，以2019年中国零售百强名单为例，北京有多家零售商上榜，而甘肃、青海等省份没有一家零售商上榜，因而榜单数据来源不适合用来计算各省零售业市场集中度。借鉴《中国零售业发展报告》（王强，2015，2016，2017），本文使用限额以上零售业销售额占社会消费品零售总额的比重作为市场集中度测度指标，该指标值与零售业市场集中度（CR_4）在样本期内呈现相反变动的趋势。主要原因是近年来零售业限额以上企业数量快速提升，但零售业中最大规模的数家企业在中小零售商的快速发展下扩张速度放缓。选取的指标值随着市场集中度降低而提高，指标值越大则市场集中度越低。

相关研究分析了规模经济基础、进入壁垒、市场规模、企业扩张能力等因素对零售业市场结构的影响（仲伟周等，2012；湛泳，聂欣，2014）。这些指标大多使用限额以上零售企业销售额、社会销售品零售总额、限额以上零售企业法人数量等数据进行计算，本书已经运用这些数据测算各省零售业市场集中度，因而选取非行业数据，把表示市场规模的人均可支配收入增长率作为控制变量（湛泳，聂欣，2014）。各变量类型、名称、说明及计算公式见表4-1。

表4-1　　各变量选取指标及预期符号

指标性质	变量名称	变量说明	计算公式	预期符号
被解释变量	mc	零售业市场结构	各省限额以上零售企业销售额/各省社会消费品零售总额	
解释变量	EI	零售业外部创新	实现外部创新零售企业占比	-
解释变量	II	零售业内部创新	实现内部创新零售企业占比	+
控制变量	ydg	市场规模	人均可支配收入增长率	+/-

2. 回归过程与结果

面板模型的计量过程容易受到截面异方差的影响，首先对样本数据是否存在异方差问题进行Wald截面异方差检验，该检验的原假设为样本数据不存在截面异方差。表4－2的检验结果表明，模型1（公式4－1）在99%的置信水平上拒绝了原假设，即模型存在截面异方差问题。接着对模型进行多重共线性检验，方差膨胀因子（VIF）为2，表明该模型没有多重共线性。

表4－2　　截面异方差检验

模型	Wald截面异方差检验	
	统计值	P值
模型1	7 019.64	0.00

固定效应F检验和Hausman检验结果表明，随机效应模型具有更优的解释效力（表4－3）。针对面板数据的异方差问题，德利斯科尔和卡拉伊（Driscoll和Kraay，1998）提出了在单元数N相对较大的情况下渐近有效的非参数协方差矩阵估计方法，能够获得控制异方差和自相关的一致标准误，进而克服面板数据截面异方差和序列自相关的影响。为此，回归中采用克服面板数据截面异方差的广义最小二乘法（FGLS）。

表4－3　　Hausman检验

	F检验统计值（P值）	Hausman检验统计值（P值）
模型1	7.33（0.00）	2.29（0.51）

计量模型回归结果见表4－4。

表4－4　　零售业创新对零售业市场结构优化的实证结果

零售业市场集中度对数（lnmc）	模型1 （FGLS）
零售业外部创新对数（ln^{EI}）	－0.61*** （－4.14）
零售业内部创新对数（ln^{II}）	0.47*** （3.17）
人均可支配收入增长率对数（ln^{ydg}）	－0.37 （－1.53）
P>chi2	0.00

注：括号中数字为Z值，***、**、*分别表示回归系数在1%、5%、10%置信水平下显著。

模型以市场结构作为被解释变量，是对假设 4.1 和假设 4.2 的检验。FGLS 回归结果表明零售业外部创新对数的系数为 -0.61，在 1% 显著性水平下通过显著性检验，假设 4.1 得到证实，即零售业外部创新对零售业市场结构优化具有显著促进作用，大型零售商获得更多市场份额，零售业外部创新促进了市场集中，优化了零售业市场结构。零售业内部创新对数的估计系数为 0.47，在 1% 显著性水平下通过显著性检验，说明零售业内部创新对限额以上零售商数量具有正向影响，不利于市场集中，阻碍了零售业市场结构优化，假设 4.2 得到证实。总体来看，零售业外部创新对市场结构优化的促进作用大于零售业内部创新对市场结构优化的负面影响，零售业创新有利于优化零售业市场结构。控制变量人均可支配收入增速对数系数为负，在 15% 显著性水平下通过显著性检验，这表明市场容量扩张对零售业市场集中度有正向影响，收入高增速助推了消费者对优质零售服务的需求，大型零售商具有更强的服务供给能力，市场集中度进一步提升。

4.3　零售业创新对零售业全要素生产率的影响效应分析

4.3.1　全要素生产率含义及测度方法

“全要素生产率”起初是衡量纯技术进步在生产中作用的指标，它由索洛等在 20 世纪 60 年代提出。纯技术进步，是指不能具体化为或不能归因于资本、劳动、土地等有形生产要素增长的那部分，原因包括知识、教育、技术培训、规模经济、组织管理等方面的改善。

1. OLS 增长核算法

增长核算法是测度全要素生产率常用的方法之一。20 世纪 50 年代，索洛（Solow，1957）运用增长核算法研究了全要素生产率对经济增长的贡献。常用的增长核算法主要是基于生产函数构建的 OLS 回归模型，把被解释变量（产出增长）无法被解释变量（资本投入、劳动投入）所解释的残差部分定义为全要素生产率。具体而言，假设生产函数为：

$$Y_t = A_t F\ (X_{it}) \tag{4.2}$$

其中 Y_t 为第 t 期的产出，X_{it} 为第 t 期的第 i 项投入，A_t 为技术进步系数。将上式两侧分别取对数形式并对时间求导可得：

$$\frac{\dot{Y}}{Y} = \frac{\dot{A}}{A} + \sum_{i=1}^{N} \beta_i \frac{\dot{X}_i}{X_i} \tag{4.3}$$

其中$\frac{\dot{A}}{A}$是全要素生产率 TFP 的增长率，代表产出增长$\frac{\dot{Y}}{Y}$中除去投入增长做出的贡献 $\sum_{i=1}^{N} \beta_i \frac{\dot{X}_i}{X_i}$ 所剩余的部分，由于这一变量首先由 Solow 提出，因而也被称为“索洛余量”。

2. 权重系数增长核算法

OLS 增长核算法虽然简便易用，但还存在不足。增长核算法需要把公式（4.2）变成公式（4.3）的形式，其中的求导步骤要求数据是连续的，而实际数据在各年之间却是离散的。卡斯楚等（Caves 等，1982）利用汤氏指数原理通过数据平滑对 OLS 增长核算法作出改进，他们认为在完全竞争的假设条件下，要素投入的边际产品等于边际成本，因而第 i 项要素投入的产出弹性 β_i 等于第 i 项要素的投入成本占比，即：

$$\beta_i = s_i = \frac{w_i X_i}{Y} \tag{4.4}$$

使用算术平均值构造“光滑”的要素权重，有：

$$S_i = S_t^L + S_{t-1}^L \tag{4.5}$$

全要素生产率指数的求解公式转化为：

$$\ln\left(\frac{TFP_t}{TFP_{t-1}}\right) = \ln\left(\frac{Y_t}{Y_{t-1}}\right) - \left(\frac{S_t^L + S_{t-1}^L}{2}\right)\ln\left(\frac{L_t}{L_{t-1}}\right) - \left(\frac{S_t^K + S_{t-1}^K}{2}\right)\ln\left(\frac{K_t}{K_{t-1}}\right) \tag{4.6}$$

3. 数据包络分析方法

DEA 方法构建产出前沿面，探讨投入产出比测度全要素生产率。在两阶段 DEA 研究中，通常第一阶段利用 DEA 方法求解决策单元的全要素生产率，第二阶段构建计量回归模型探讨影响全要素生产率的显著变量。虽然存在大量关于两阶段 DEA 的研究，但该方法存在逻辑缺陷：第一阶段核算效率与第二阶段对效率的解释不在一个框架下。第一阶段求解效率时，投入要素为资本和劳动力，资本和劳动力是效率的解释变量；第二阶段又提出新的解释变量，如果这些变量显著影响全要素生产率，就应当在第一阶段测度全要素生产率时就放入模型。虽然两阶段 DEA 逻辑不妥，但长期以来学者没有更好的思路，于是接受两阶段 DEA 研究方法。近年来，学者开始尝试使用 Bootstrap 修正误差，解决两阶段 DEA 的缺陷。

4.3.2　零售业创新影响零售业全要素生产率的机理分析

行业全要素生产率由微观生产效率和资源重配效率两部分构成。在微观层面，企业采用了新技术、新工艺，开拓了新市场，开发了新产品，改善了管理，改革了体制，激发了人的积极性，提高了全要素生产率。在行业中观层面，资源重新配置，比如劳动力从生产率较低的组织转向生产率较高的组织，能够提高全要素生产率。

零售业外部创新提升了零售业全要素生产率。从微观层面看，一方面随着外部创新企业数量增长，零售商外部创新在模仿创新效应和分工效应滋养中获得源源不断的动力，质量不断提升；另一方面，零售业外部创新发展可以创造更多外部性，克服零售业内部创新的合成谬误问题，有利于增加行业创新总供给。从中观层面看，外部创新在行业的扩散有利于促进零售业集中发展，资源重新配置进一步提高零售业全要素生产率。因而，本书提出：

假设 4.3　零售业外部创新对零售业全要素生产率有正向促进作用。

零售业内部创新对零售业全要素生产率有着复杂的影响机制。从微观层面看，零售商通过工艺和组织创新，为企业提升全要素生产率创造了条件。但从中观层面看，零售业内部创新虽然存在合成放大效应，但其合成谬误问题会对产业全要素生产率造成不利影响。首先，前述分析表明零售业内部创新不利于提升零售业市场集中度，资源难以流向和集聚到大型零售商，不利于提升零售业全要素生产率。其次，零售业内部创新中的工艺创新在投资潮中更容易形成产能过剩，此时过剩的产能没有得到充分利用，影响行业全要素生产率水平提升。当零售业处于较高集中度时，每个零售商都有可观的市场份额，此时零售业工艺创新扩大的产能可以被市场需求消化，零售业工艺创新不会造成产能过剩，有利于行业全要素生产率提高。但目前，我国零售业市场集中度很低，尚未跨到高集中度区域，零售业市场集中度与行业全要素生产率在高市场集中度假设中的正相关关系无法通过计量展开实证。因而，本书构建计量模型时没有考虑零售业内部创新二次项变量。在分散的零售业市场结构中，零售商市场规模普遍较小，实际产出与内部创新形成的潜在产出有更长距离，因而从事内部创新的零售商越多，行业产能过剩有加重的趋势，对提高零售业全要素生产率产生不利影响。最后，零售业内部创新扩大了行业中搭便车零售商的数量，降低了零售商从事外部创新的意愿，行业提供的服务不足，不利于提升零售业全要素生产率。鉴于零售业内部创新在理论上对零售业全要素生产率的影响既有合成放大效应的促进作用，也有合成谬误问题的负面影响，据此本书提出：

假设 4.4a 零售业内部创新对零售业全要素生产率的影响主要体现为合成放大效应，产生正向促进作用。

假设 4.4b 零售业内部创新对零售业全要素生产率的影响主要体现为合成谬误问题，产生负面影响。

4.3.3 零售业创新影响零售业全要素生产率的实证分析

1. 模型构建

本书依据假设 4.3 和假设 4.4，建立模型 2（公式 4.7）检验零售业外部创新和零售业内部创新对零售业全要素生产率的影响。

$$tfp_{it} = a + \beta_1 \ln^{EI_{it}} + \beta_2 \ln^{II_{it}} + \beta_3 \ln^{cityarea_{it}} + \beta_4 \ln^{bus_{it}} + \beta_5 \ln^{debt_{it}} + \beta_6 \ln^{gemploy_{it}} + \beta_7 \ln^{gqys_{it}} + \varepsilon_{it} \tag{4.7}$$

在上述模型中，选取零售业全要素生产率指数（tfp）作为被解释变量。借鉴李子文、刘向东（2017）的研究，本文选取权重系数增长核算法计算零售业各年各省全要素生产率指数，计算公式为：

$$\ln(tfp) = \ln\left(\frac{Y_t}{Y_{t-1}}\right) - \left(\frac{S_t^L + S_{t-1}^L}{2}\right)\ln\left(\frac{L_t}{L_{t-1}}\right) - \left(\frac{S_t^k + S_{t-1}^k}{2}\right)\ln\left(\frac{K_t}{K_{t-1}}\right) \quad (4.8)$$

其中，S^k、S^L 分别为资本、劳动要素成本占比，且有 $S^k + S^L = 1$；Y 为限额以上零售企业毛利，其值为限额以上零售企业销售收入与购进总额的差额；劳动要素数量（L）可以使用从业人员作为指标；资本要素数量（K）可以使用固定资产衡量；劳动要素成本由应付职工薪酬表示，资本要素成本则由销售费用、管理费用、财务费用之和减去劳动要素成本得到。指标数据来源于 2016—2020 年《中国贸易外经统计年鉴》。

相关研究，探究了城市基础设施（梁喜，李思遥，2018；贾俊雪，2017）、企业债务（胡文卿，左拙人，2021；何明志，王晓晖，2019）和市场化程度（夏杰长等，2019；陈薛，李照作，2019；苏明政，张庆君，2017）对行业全要素生产率的影响程度。基于以上研究基础，本文选取城区面积、公共气电车运营数两个城市基础设施变量，限额以上零售企业负债这个企业债务指标和国有控股限额以上零售业企业法人单位数、国有控股限额以上零售业企业年末从业人数两个市场化程度指标作为控制变量（表 4－5）。因被解释变量是全要素生产率指数，故解释变量都使用对数形式。数据来源于国家统计局网站分省年度数据和《中国贸易外经统计年鉴》（2017—2020 年）。

表 4－5　各变量选取统计指标及预期符号

指标性质	变量名称	变量说明	计算公式	预期符号
被解释变量	tfp	零售业全要素生产率指数	公式（4.6）	
解释变量	EI	零售业外部创新	实现外部创新零售企业占比	+
解释变量	II	零售业内部创新	实现内部创新零售企业占比	+/－
控制变量	cityarea	城区面积（平方公里）		+/－
控制变量	bus	公共气电车运营数（辆）		+/－
控制变量	debt	限额以上零售企业负债（亿元）		－

续表

指标性质	变量名称	变量说明	计算公式	预期符号
控制变量	gemploy	国有控股限额以上零售业企业年末从业人数（人）		+/-
控制变量	gqys	国有控股限额以上零售业企业法人单位数（个）		+/-

2. 零售业全要素产率指数描述性统计

2019 年，各省零售业全要素生产率指数平均降低了 0.39%，其中，北京、天津、河北、上海、江苏、浙江、江西、山东、广东、广西、重庆、贵州、云南、西藏、甘肃、宁夏共16 个省、直辖市和自治区零售业全要素生产率指数比上年有所增长，平均增幅 25.69%；山西、内蒙古、辽宁、吉林、黑龙江、安徽、福建、江西、山东、河南、湖北、湖南等15 个省和自治区零售业全要素生产率指数比上年有所减少，平均降幅 17.83%。增幅排名前三的省份依次为西藏、甘肃和江西（见表 4-6）。

表 4-6　各省（直辖市、自治区）零售业全要素生产率指数（2016—2019 年）

单位:%

省份	2019 年	2018 年	2017 年	2016 年
北京市	12	-2	59	-65
天津市	13	-59	-7	20
河北省	6	48	10	8
山西省	-1	36	24	-15
内蒙古自治区	-13	51	-50	35
辽宁省	-4	27	11	13
吉林省	-69	54	11	-10
黑龙江省	-48	60	14	-23
上海市	8	5	11	19
江苏省	9	2	26	3
浙江省	19	24	17	9
安徽省	-14	47	2	29

续表

省份	2019 年	2018 年	2017 年	2016 年
福建省	-10	19	18	-2
江西省	39	67	-6	17
山东省	13	34	-1	9
河南省	-16	78	6	10
湖北省	-40	75	7	26
湖南省	-11	79	6	-5
广东省	18	-3	5	24
广西壮族自治区	37	-9	-7	19
海南省	-26	54	1	18
重庆市	7	10	-18	-3
四川省	-6	43	-4	20
贵州省	14	56	-21	13
云南省	19	23	24	-4
西藏自治区	102	55	-65	-14
陕西省	-36	66	16	15
甘肃省	72	-29	-4	13
青海省	-76	77	46	-15
宁夏回族自治区	23	24	-25	-17
新疆维吾尔自治区	-12	-5	-17	29

资料来源：本表数据根据公式（4.8）计算结果整理所得。

2018 年，各省零售业全要素生产率指数平均增加了 32.48%，其中，河北、山西、内蒙古、辽宁、吉林、黑龙江、上海、江苏、浙江、安徽、福建、江西、山东、河南、湖北、湖南等 25 个省、直辖市和自治区零售业全要素生产率指数比上年有所增长，平均增幅 35.94%；北京、天津、广东、广西、甘肃、新疆共 6 个省、直辖市和自治区零售业全要素生产率指数比上年有所减少，平均降幅 17.83%。增幅排名前三的省份依次为湖南、河南和青海（见表 4-6）。

2017 年，各省零售业全要素生产率指数平均增加了 2.87%，其中，北京、河北、山西、辽宁、吉林、黑龙江、上海、江苏、浙江、安徽、福建、河南、湖北、湖南、广东、海南、云南、陕西、青海共19个省和直辖市零售业全要素生产率指数比上年有所增长，平均增幅16.53%；天津、内蒙古、江西、山东、广西、重庆、四川、贵州、西藏、甘肃、宁夏、新疆12个省、直辖市和自治区零售业全要素生产率指数比上年有所减少，平均降幅18.75%。增幅排名前三的省份依次为北京、青海和江苏（见表4-6）。

2016年，各省零售业全要素生产率指数平均增加了5.68%，其中，天津、河北、内蒙古、辽宁、上海、江苏、浙江、安徽、江西、山东、河南、湖北、广东、广西、海南、四川、贵州、陕西、甘肃、新疆共20个省、直辖市和自治区零售业全要素生产率指数比上年有所增长，平均增幅17.45%；北京、山西、吉林、黑龙江、福建、湖南、重庆、云南、西藏、青海、宁夏共11省、直辖市和自治区零售业全要素生产率指数比上年有所下降，平均降幅15.73%。增幅排名前三的省份依次为内蒙古、安徽和新疆（见表4-6）。

3. 回归过程与结果

面板模型的计量过程容易受到截面异方差的影响，首先对样本数据是否存在异方差问题进行Wald截面异方差检验，该检验的原假设为样本数据不存在截面异方差。表4-7的检验结果表明，模型2（公式4.7）在90%的置信水平上拒绝了原假设，即模型存在截面异方差问题。接着，对模型进行多重共线性检验，方差膨胀因子VIF为8.52，表明该模型没有多重共线性。

表4-7　Wald截面异方差检验

模型	Wald截面异方差检验	
	统计量	P值
模型2	2 039.52	0.00

固定效应模型F统计量较小，P值为0.75，检验结果表明混合效应模型具有更优的解释效力（见表4-8）。因此在接下来的回归中，采用适合

混合短面板数据结构并且能够处理截面异方差问题的标准误回归方法（SCC）对计量模型进行估计。

表4-8　　F检验

模型	F检验	
	F统计量	P值
模型2	4.83	0.57

模型的回归结果见表4-9。

表4-9　　零售业创新对零售业全要素生产率影响的实证结果

零售业全要素生产率指数（tfp）	模型2（SCC）
零售业外部创新对数 （ln^{EI}）	21.93** （3.27）
零售业内部创新对数 （ln^{II}）	-19.09* （-2.67）
城区面积对数 （$ln^{cityarea}$）	-11.90* （-2.55）
公共气电车运营数对数 （ln^{bus}）	7.49 （0.80）
限额以上零售企业负债对数 （ln^{debt}）	7.91* （2.23）
国有控股限额以上零售业企业 年末从业人数对数（$ln^{gemploy}$）	11.98* （2.50）
国有控股限额以上零售业企业 法人单位数对数（ln^{gqys}）	-16.53* （-2.96）
a	-69.51 *** （-7.16）

注：括号中数字为t值，***、**、*分别表示回归系数在1%、5%、10%的置信水平下显著。

模型2回归结果表明零售业外部创新对数的回归系数为21.93，且在5%的置信水平下显著，说明在其他变量保持不变的情况下，零售业外部创新每增加1%，零售业全要素生产率指数能够增加21.93%，零售业外部创新对行业全要素生产率具有显著正向影响，与假设 4.3 相符。零售业内部创新对数的回归系数为 19.09，在 5% 的置信水平下显著，说明在其他变量保持不变的情况下，零售业内部创新每增加 1%，零售业全要素生产率指数减少 19.09%，零售业内部创新对行业全要素生产率具有显著负向影响，实证结果与假设 4.4a 相符。零售业内部创新合成谬误问题，不利于提升零售业全要素生产率。虽然零售业内部创新对零售业全要素生产率产生了负面影响，但零售业外部创新具有更大的正向效应，零售业创新整体上提高了零售业全要素生产率。

控制变量回归结果与文献得出的结论基本一致，这验证了零售业全要素生产率存在“城市基础设施发展支持效应”（郭广珍等，2019；冉光和，李涛，2017）、“借款通过促进投资带动企业生产率的增长”（胡文卿，左拙人，2020）、“流通产业国有经济重资产运营优势”（谢莉娟，王诗桪，2016）和基础设施方面，城区面积对零售业全要素生产率具有显著负向影响，主要原因是城市蔓延对传统商圈企业的冲击（陈旭等，2018）。市场化方面，国有控股限额以上零售业企业年末从业人数对零售业全要素生产率具有显著正向影响，而国有控股限额以上零售业企业法人单位数对零售业全要素生产率具有显著负向影响，这表明国有经济人力资本优势是推动零售业全要素生产率增长的主要原因，而非数量规模优势。

4.4 本章小结

本章分析了零售业创新对零售业市场结构优化和零售业全要素生产率的影响机理，并运用适合短面板数据和能够解决截面异方差问题的广义最小二乘法（FGLS）和标准误回归方法（SCC）进行实证。结果表明：(1) 零售业外部创新在理论上对零售业市场结构优化和零售业全要素生产率都存在正向促进作用，实证结果表明零售业外部创新在 1% 的显著性水平下提高了零售业市场集中度，在 5% 的显著性水平下提升了零售业全要素生产率；（2）零售业内部创新在理论上对零售业市场结构优化存在负面影响，实证结果表明零售业内部创新在 1% 的显著性水平上降低了零售业市场集中度，阻碍了行业集约化发展，不利于发挥零售业规模经济；（3）零售业内部创新在理论上对零售业全要素生产率的影响既有合成放大效应的促进作用，也有合成谬误问题的负面影响，标准误回归（SCC）实证结果表明零售业内部创新在 10% 的显著性水平上对零售业全要素生产率产生负面影响。以上分析说明，当前我国零售业外部创新存在创新质量深化的合成放大效应，而零售业内部创新存在投资潮涌和横向外部性带来的合成谬误问题。

第 5 章

零售业创新对消费的影响效应分析

随着经济进入新常态，我国进出口与投资都面临较大下行压力，消费成为拉动经济增长的第一动力。据国家统计局 2019 年 2 月公布的《2018 年国民经济和社会发展统计公报》，全年最终消费支出对国内生产总值的贡献率为 76.2%，同比增长 17.4 个百分点，消费主导地位进一步凸显和巩固。据国家发展与改革委员会 2018 年 3 月发布的《2017 年中国居民消费发展报告》，我国商品消费占居民消费支出比重接近 60%，仍是消费的重要组成和经济保增长的重要阵地。专家学者就如何促进消费发展积极谋划，有些从需求视角倡导进行收入分配机制改革和建立就业促进机制实现居民可支配收入增长，有些从供给侧强调加大研发生产出消费者需要的商品。零售业作为距离消费者最近的产业，虽然是消费支出的主要场所和供给侧重要组成，学者对零售业创新如何影响消费的综合系统性研究较为缺乏。基于本文的零售业内、外创新概念，本章拟从各创新如何影响居民商品消费①，其主要途径和影响程度方面来探索零售业各创新对消费的影响机理并进行实证分析。

5.1 消费增长内涵

5.1.1　二元边际理论与消费增长

消费替代出口和投资成为拉动增长的第一动力，既是研究背景，也是研究基础。在分析出口影响时，胡梅尔斯和克莱欧（Hummels 和 Klenow,

① 消费包括商品消费（实物消费）和服务消费（非实物消费）。这两种性质的消费相互促进：服务消费促进商品消费的例子有：体育消费带动体育服饰、器材等商品消费；商品消费促进服务消费的例子有：汽车、摩托车、燃料消费对旅游消费的影响。在服务消费加快发展背景下，商品消费增长仍具有重要意义，在促进服务消费及消费总量方面发挥重要作用。

2005）综述了相关理论：古典和新古典贸易理论强调以成本为核心变量的比较优势理论，认为加强成本比较优势能够促进现有出口产品规模增加，这种增长被定义为出口集约边际；而新贸易理论把规模经济和产品多样性作为重要影响因素，围绕消费需求异质性重视新产品出口增加，这种增长被定义为出口扩展边际；基于企业异质性的新新贸易理论融合了以上两种边际，提出一国出口贸易增长既可以沿集约边际扩张，也可以从扩展边际来实现。二元边际概念起初界定在产品层面，随着研究深入，又新增了企业和市场两个层面的界定。近年来，二元边际概念还被用来研究投资增长问题，ODI 和 OFDI 成为二元边际增长研究新的前沿（陈培如等，2016；杨连星和刘晓光，2017；张海波，2018）。二元边际概念为出口与投资增长提供了理论支持，消费是与出口需求、投资需求并列的总需求之一，应当可以从二元边际视角切入展开研究。

消费的二元边际概念还没有被定义和使用。借鉴投资和出口的二元边际概念，本书从产品、企业和市场三个层面界定消费二元边际。在产品层面，扩展边际是指消费者购买新商品带来的消费增长，而集约边际是指消费者重复购买形成的消费增长，新商品对应首次消费，原商品对应再次消费；在企业层面，扩展边际是指在位企业零售额增长，集约边际是指新进入企业带来的零售额增加；在市场层面，扩展边际体现为新开辟的区域市场带来的零售额增长，而集约边际是原有区域市场零售额增长。本书研究零售业创新对消费影响，理论基础为零售业内、外创新模型，该模型认为零售业创新改变了消费者购物成本，但不涉及“哪个企业创新”及“在哪个区域创新”，没有区分新旧企业和新旧市场，而是从商品交易视角解释零售业创新机理。由此，本书使用产品层面定义并阐述零售业创新对消费增长的影响。

虽然消费二元增长是一个新视角，但经济学中围绕消费形成了不少学说和理论，梳理相关研究有利于发现零售业创新对消费二元增长的影响机理。早期消费理论有凯恩斯的绝对收入假说和杜森贝里的相对收入假说，主要阐述当期收入如何影响静态即期消费。至 20 世纪 70 年代，理性预期假说出现，引入跨期与效用函数探讨偏好等不确定条件对居民消费的影响，代表性研究有随机游走假说（Hall，1978）、预防性储蓄假说（Leland，1968）、流动性约束假说（Zeldes，1989）和缓冲存货假说（Deaton，1991）。20世纪80年代以后，随着行为经济学快速发展，消费研究开始从消费者社会心理动机视角研究消费决策的影响因素，通常采用内省和心理实验方法实证相关理论假说。

消费理论形成、丰富和发展为零售业创新促进消费增长机理研究提供了理论依据。本书主要以凯恩斯消费理论为基础，同时借鉴理性预期假说和行为经济学消费理论研究成果，阐述零售业创新对消费的影响机理。需求是消费的起点，以上消费理论都涉及需求分析。消费需求是指人们在某一特定时期内在各种可能的价格下愿意并且能够购买某个具体商品的数量。凯恩斯消费需求函数阐述了收入对消费影响，可以用“愿意购买”和“能够购买”两个关键词来概括；行为经济学理论分析了消费心理，解释了如何“愿意购买”；而理性预期假说梳理了影响消费的许多非收入因素，为实证模型提供了丰富的控制变量。

5.1.2 消费扩展增长

在购买决策中，消费者首先要产生需要。消费者进入市场后的第一步，是确认自身需要解决的“问题”，然后基于该问题产生对于商品的潜在需求。消费者潜在需求被满足而购买新产品，由于潜在需求而出现的消费增长被称作消费扩展增长。

潜在需求（latent demand），是对消费者心理状态的一种描述。近年来，随着行为经济学的兴起，特别是消费行为学研究的不断深入，潜在需求逐步引起学界和业界的关注。厄尔（Earl，2000）和袁仕希等（2002）较早对潜在需求的定义、内涵、层次和影响因素进行了比较系统的研究。王宇（2005）认为潜在需求是指在不考虑预算约束条件下，消费者未能表达或者正在寻求满足的需求，分别对应潜在用户的需求和现实用户的潜在需求。黄国雄（2007）将潜在需求分为三个层次：无意识需求层是消费者潜在需求的起点，这时消费者已经在客观上产生了某种需求，但这种念头还没有被个体所察觉，不会被表达出来；萌芽需求层，是指消费者由于自身思考或者外界刺激在意识中产生了某类需求，但仍不清晰明确；代表达需求层，是指顾客已经产生了明确的需求意识，表现为愿意为明确的需求付出代价，但由于买卖信息不透明，还没有具体实现方案。该理论在旅游产业、智能家居服务市场的应用价值逐步显现（Williams，1992；黄国雄等，2008；高锡荣等，2012）。潜在需求研究涉及经济学、心理学、社会学等多个学科领域，相对抽象，虽提出较早且意义重大，但近年来相关理论和实证研究仍处在起步阶段。

综合借鉴已有研究成果，本文仿照经济学对需求①的定义，将潜在需求定义为有欲望而没有实施的消费，潜在需求可以分为三个层次（见表5-1）。第一层次是潜在用户需求，它是指消费者具有没有表达的欲望，但并不自知，有限理性是主要原因。第二层次为现实用户的潜在商品需求，它是指消费者为了解决“新”问题产生了新欲望，开始在市场搜寻能够满足新欲望的商品。由于首次购买，消费者对商品功能信息、品牌信息以及渠道信息缺乏了解，需要花费较多搜寻成本以获取、收集和整理信息，以降低信息不对称导致的购物风险、购物成本和使用成本。第三个层次指现实用户的潜在信贷需求，消费者在这个阶段已经明确知晓能够满足自身需要和欲望的产品，但却因购买力不足不能消费。释放消费潜力，需要挖掘第一层次潜在用户来表达需求，匹配第二层次现实用户的潜在商品需求，融资转化第三层次现实用户的潜在信贷需求。

---

① ①古典经济学代表人物英国经济学家亚当·斯密认为：“各个人食欲，都受胃的狭小容量的支配，而对于住宅、衣服、家具及应用物品的欲求，似乎却无止境。”古典经济学另一表人物英国经济学家大卫·李嘉图认为：“人们所能支配的食物如果多于自己的消费量，就总是愿意将剩余部分或其价格（实际上是一回事）交换他种满足欲望的物品。超过满足这种有限欲望的部分就被用来满足那些不能得到满足而看来又无止境的欲望”。新古典经济学家马歇尔在1890年发表的《经济学原理》一书中肯定地提出：“经济学是一门研究财富的学问，同时也是一门研究人的学问。研究欲望及其满足，就是需要与消费的研究。”从经济学家的表述中，古典经济学和新古典经济学都把需求界定为欲望，并且这种欲望是无止境的、不受任何限制和约束的。

表 5－1　潜在需求内涵及分类

潜在需求分类	内涵
潜在用户需求	消费者具有未被认知的欲望，因不自知而没有转化为需求
现实用户的潜在商品需求	消费者开始产生某种新欲望，因不明确而没有转化为需求
现实用户的潜在信贷需求	消费者因购买力不足从而没有被满足的欲望

资料来源：本表资料根据本章对潜在需求的定义整理而得。

凯恩斯的消费函数理论认为，消费受到收入等因素影响，这一思想用线性函数形式表示为：

$$C_t = a + bY_t \tag{5.1}$$

式中，C 表示消费；Y 表示收入，下标 t 表示时期；a、b 为参数，参数 a 为固定消费倾向，参数 b 称为边际消费倾向。边际消费倾向递减是凯恩斯消费理论的假设之一，他认为一定的货币肯定是先花在重要的物品上，然后依次是较重要、不重要……从生理和心理状态来讲，消费者购买同种商品的数量增多时，人的反应刺激性会减弱。凯恩斯认为边际消费倾向是递减的，并且这一特性是其有效需求不足理论的核心概念，由此提出刺激总需求的政策指导国民经济发展。随着理论研究的推进，学者对边际消费倾向做了更为深入的研究，有些学者得出与凯恩斯假设不同的结论。库兹涅茨（Kuznets，1942）发现美国从 1869 年至 1938 年近 70 年的时期内，国民收入虽然增加了 7 倍，平均消费倾向却相当稳定，始终稳定在 0.84—0.89，因此他认为消费倾向是长期稳定的。莫迪利安尼的生命周期理论也认为边际消费倾向不随收入变化而改变。同时，支持边际消费倾向递减的研究也大量涌现。例如，给予遗赠动机的广义生命周期理论认为边际消费倾向是递减的（Blinder，1975），以行为消费理论、消费心理理论为基础的研究也支持边际消费倾向递减的观点。朱明宣（2012）等学者以微观经济理论中的边际效用递减规律解释边际消费倾向递减的成因，并使用边际效用函数作为边际消费倾向，即用 $U'(C_t)$ 代替 b，以此来修正凯恩斯消费函数（公式 5.1）中边际消费倾向为常数的不足。这样，凯恩斯消费函数可以近似表示为：

$$C_t = a + U'(C_t)\ Y_t \tag{5.2}$$

新商品销量增加带来消费扩展增长，消费者在消费扩展增长中加大了新品消费。由于边际消费倾向递减，新产品对消费者具有较高的边际效用，消费者对新商品具有较高的支付意愿。随着新商品占消费比重提升，边际消费倾向由 b 增加到 b_1，新的消费函数变为：

$$C_t = a + b_1 Y_t \tag{5.3}$$

上式中，第 t 期的收入 Y_t没有发生变化，而消费 C_t 随着边际消费倾向 $U'(C_t)$ 提高而增加。

5.1.3 消费集约增长

消费集约增长，是指一段时期内消费者再次购买同种商品带来的消费增长。凯恩斯消费函数（公式 5.1）中的收入是实际可支配收入水平，其数值大小等于名义收入除以价格水平。包含价格水平的消费函数形式如下：

$$C_t = a + b\frac{Y_t}{P_t} \tag{5.4}$$

上式中，当名义可支配收入不变时，价格水平降低则实际可支配收入增加，有利于促进消费；价格水平提升则实际可支配收入减少，对消费产生抑制作用。

5.2 零售业创新对消费影响效应的机理分析

5.2.1 零售业外部创新对消费影响效应的机理分析

1. 零售业产品（服务）创新对消费影响效应的机理分析

零售商面向消费者创新服务，扩大服务种类或提升服务质量。全国企业创新调查问卷提示了咨询服务、下载软件等具体创新实践内容，本书第 3 章列举了零售业企业咨询服务创新和软件应用创新实践。

零售商基于大数据准备货品、精准推荐，甚至能够做到比消费者自己更懂消费者。随着技术发展和进步，经济体中积累了大量发明创造，商品品类不断丰富，这些商品通过零售商到达消费者手中。消费者作为最终需求主体，有时对自身需求是不清楚、不明确的，需要零售商成列商品充当“反射镜”，并在商品信息刺激下不断挖掘和匹配潜在需求。在零售商备货刺激下，潜在用户需求首次被清晰表达，并且备货越精准，潜在用户需求转化为现实需求的可能性也越大。

备货刺激效应程度不仅与商品有关，还与消费者每次持续购物的时间长度相关。一般来说，购物时长增强备货刺激效应，这表明零售商营造良好购物环境及延长消费者在零售场所停留时间对发挥备货刺激效应、挖掘消费者潜在需求有促进作用。百货公司等实体零售企业创新停车服务，对停车场进行智能化改造，例如自动识别车牌号进入停车场、利用手机寻找和定位车位、自主缴费离开停车场等新服务，消费者停车更加省时方便。有些零售商创新停车收费方式，利用购物额度或者会员积分等抵扣停车费，以低交通成本吸引消费者前来并主动延长停留时间。近年来，逐渐兴起的商场幼儿托管服务，为家长创造了在商场长时间停留的便利条件。营业时间、购物氛围、购物设施都会影响消费者在零售场所主动停留的时长。

零售商面向消费者创新咨询服务，能够更好地匹配现实用户的潜在需求。如果消费者在购物场所主动咨询商品信息，则表明消费者已经有了消费欲望，但欲望仍不明确、不清晰，所以需要商品咨询服务进一步协助消费者做好需求分析。消费者也需要专业和及时的咨询服务，零售商可通过创新咨询服务模式，比如提供在线直播、在线客服、虚拟体验等服务内容，帮助消费者匹配与其欲望一致的商品，促进潜在商品需求向有效需求转化。

零售商不仅自主挖掘及匹配消费者潜在需求，还可以在移动 APP 上构建第三方平台促进潜在需求转化。在消费者主权时代，有些消费者更愿意相信其他消费者，而不是商家的建议或意见，该心理推动了社群营销的产生与发展。移动互联时代，消费者之间沟通成本大大降低，这促进了多种消费圈子或者消费群的发展。在圈子或群中，消费者互相交流购物经验，分享各自商品心得，消费者逐渐变得更愿意表达自己，也给予其他消费者更多商品信息（齐永智和张梦霞，2015）。零售商当前开发的 APP 通常具备社交功能，为消费者传播和吸收消费信息、产生潜在需求提供了平台。

2. 零售商营销创新对消费影响效应的机理分析

在企业创新调查中，营销创新被定义为企业在营销方面的新变化，并以营销经典 4P 理论为基础，分成产品（服务）设计或包装、产品（服务）推广、产品（服务）销售渠道和产品（服务）定价四个方面。调查问卷列举了全新产品（服务）外观设计或包装、新型广告媒体、推行会员卡、全新品牌形象、直销、电子商务、独家零售、特许经营、自动调价以及折扣系统共十种营销创新实践。

零售商包装小型化创新有利于打破消费者潜在需求转化中的购买力约束。随着国际贸易发展和国内供给侧改革深入，大量新品涌入市场。有些商品由于产地分布、运输仓储等原因，售价较高，零售商通过小型化包装降低商品单价，促进商品销售。同时，包装小型化还可以降低试用成本，小包装的价格较低，消费者可以通过较低的试用成本购买和体验商品，规避商品性能不确定造成的经济损失。

零售商采用新媒体、新技术或新手段推广商品（服务），旨在扩大商品推广准确性与及时性。随着信息技术发展和成熟，零售商广告从传统的传单、海报，逐渐向新媒体广告延伸，商品推广性能不断优化。个性化推荐对现实用户潜在需求转化具有显著促进作用。哈勃尔和特丽克斯（Haubl 和 Trifts，2000）通过实验发现个性化推荐能够显著减少消费者搜寻次数。哈勃尔和默里（Haubl 和 Murray，2005）发现个性化推荐能够降低消费者的搜寻成本和学习成本，协助消费者迅速找到需要的商品。还有一些学者发现，个性化推荐系统在一些情况下可能适得其反，使消费者放弃搜寻和购买。例如，菲茨西蒙斯和莱曼（Fitzsimons 和 Lehmann，2004）从决策困难视角分析了当商品推荐和消费者对商品的最初印象相矛盾时，消费者由于决策困难，更可能选择没有被推荐的商品。消费者还会因为个人隐私原因抗拒个性化推荐。巴内特等（Barnett 等，2008）研究了直邮广告对消费者的影响，发现当消费者感知直邮广告内容与消费者潜在需求高度相配时，会质疑企业掌握和利用了其个人隐私，从而对广告以及企业产生抗拒心理，进而降低对广告产品或服务的评价。消费者对广告信息的不同反应，以及不同消费者的感知差异，促使零售商不断优化场景、算法和模型，模拟消费者复杂的心理，促进潜在消费者与现实消费者的潜在需求向有效需求转变。

零售商创新渠道模式挖掘潜在消费需求。在互联网和新媒体技术迅速发展的当下，零售商正在探索多种业态、多种渠道融合创新发展。零售商有线上和线下两条渠道，渠道创新表现为两条渠道相互转化和渗透。电子商务具有节约成本的优势，且其规模经济显著，实体零售模仿创新，开拓线上渠道，但并不具有后发优势，实体零售触网后业绩没有明显好转。新零售虽然表现为线上线下融合，但与之前线下零售商主动触网不同，是由线上零售商主导的融合。本书在第 2 章详细阐述了新零售的本质是治理外部性，支付外部性成本的治理方法产生了合资经营模式，一体化的治理方法产生独家零售模式。消费者在备货效应作用下把潜在需求转化为需求，线上向线下融合是线上零售商将原有线下零售商承担的负外部性内部化。据商务部近年发布的报告①，实体零售经营回暖，发展态势良好。与线上相比，线下零售商带来的体验性更强，消费者能以较低的成本试看、试穿、试用，潜在需求转化为现实需求的几率更高。即使消费者随后由于价格低廉、物流便捷等原因在网络完成购买，但实体零售的需求创造功能不仅是实体零售还是网络零售增长的重要保障。实体零售的体验优势不仅使传统制造商再次回到实体渠道，而且使大量网络品牌商和直销品牌商也新设实体零售渠道，通过实体零售展示商品，达到宣传商品及扩大知名度的目的。

---

① 《中国零售行业发展报告（2016—2017 年）》指出实体零售结构性回暖，《中国百货零售业发展报告（2017—2018 年）》、《中国零售业发展报告（2017—2018 年）》判断实体零售全面回暖，《中国零售行业发展报告（2018—2019 年）》指出百货行业继续回暖。

零售商分期付款定价创新突破了潜在需求转化的预算约束。消费者大多具有序列购物习惯，在寻找目标商品过程中可能对看到的其他商品产生了需求。理性消费者在预算约束下，比较价格和边际效用实现消费者均衡，当其发现新商品价格超过预算约束就会放弃购买。此时，潜在消费者虽然已经成为现实消费者，但还不是真正的需求者。消费信贷有助于消费者突破预算约束，把潜在需求转化为有效需求。在分期付款、赊销等创新中，零售商向消费者提供短期贷款，既用延期付款的方式销售商品。消费者购买商品时，只需支付一部分价格，即可提前消费。零售商实施宽松的信贷政策，大规模增加“提前消费”规模，这不能不引起人们对挤出效应的担心，即提前消费会不会造成后期消费不足？厄尔（Earl，2000）和麦塔尔（Maital，2007）认为先消费再储蓄是一种常见的经济现象，消费者先期消费，在还贷压力下更加努力工作，从而消费能够促进消费者提高后续劳动供给获得更高收入，并不会对后期正常消费产生挤出效应。与银行信贷相比，零售商的消费信贷业务对消费者更有吸引力。以蚂蚁花呗为例，消费者无需办理申请手续，并且享有比银行信用卡更长的免息周期和芝麻信用提供的附加服务。我国消费信贷呈现快速发展势头，据清华大学中国与世界经济研究中心发布的《2017 年中国消费信贷市场发展报告》显示，2017 年末中国消费信贷（不含房贷）约为 9. 80 万亿元，占国民经济总值比重达到 12. 32%，但该比率与美国差距仍十分明显，我国消费信贷市场未来仍有十分广阔的发展前景。零售商面对消费信贷发展机遇，纷纷推出零售消费金融产品，从线上的花呗、借呗、京东白条等，到线下的佳贝，零售消费信贷规模增速显著（见图 5 - 1）。据未央网报道，2016 年零售业共投放贷款 110 万笔，贷款发生额 2. 2 万亿元，分别是 2011 年贷款笔数的 4. 4 倍及贷款金额规模的 2. 9 倍。

3. 机理小结与假设提出

消费需求是消费者愿意并且能够实现的消费水平。消费者首先需要产生消费欲望，然后愿意购买，并且要具备购买力。零售商服务和营销两种类型的外部创新，在潜在需求转化中发挥引导促进作用（见图 5 - 2）。在潜在用户需求阶段，零售商以环境服务创新、面向生产商咨询服务创新、推广创新、面向生产商定价创新等加大对消费者感官和心理冲击，唤起消费者消费欲望；在潜在商品需求阶段，零售商通过面向消费者咨询服务创新、渠道创新和包装创新等降低搜寻成本，促进消费者产生购买意愿；在潜在信贷需求阶段，零售商通过定价创新向消费者提供消费信贷，帮助消费者形成购买力，增强消费者工作积极性和劳动供给意愿。潜在需求到有效需求的转化，在新商品消费中较为常见，形成了消费扩展增长。

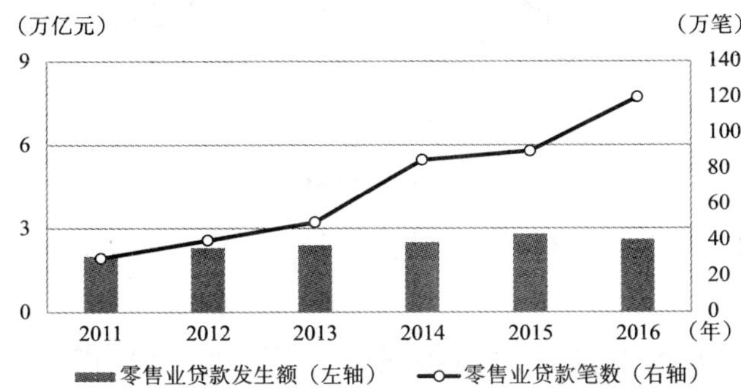

图 5－1　零售业贷款发生额与笔数图（2011—2016 年）

资料来源：本图数据来源于未央网站①。

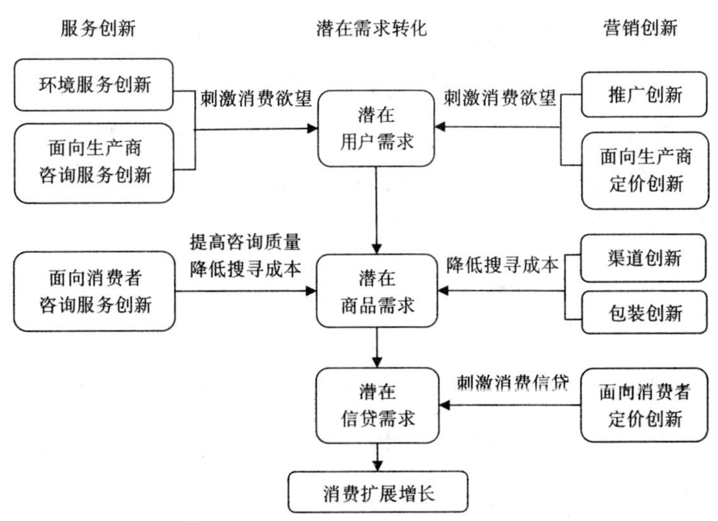

图 5－2　零售商外部创新影响消费扩展增长的机理图

① 数据来源：www. weiyangx. com/274567. html.

以上分析表明，零售商外部创新唤起了消费者潜在需求，促进了新商品销售，给消费者带来较大边际效用，从而促进边际消费倾向提高及消费增长。零售商外部创新在产业扩散过程，从三个方面影响创新质量：首先，创新扩散加剧了市场竞争，激励零售商持续创新，滋养高质量创新；其次，创新扩散的协同效应，降低了企业家克服“未知数据”的困难，降低企业家创新难度；最后，创新扩散扩大了创新市场规模，关于创新的社会分工越来越细，驱动零售业创新数量增长和质量提升。零售商外部创新及其扩散能够提高外部创新总供给量，在促进消费中发挥作用。据此，本书提出：

假设 5.1 零售业外部创新促进消费增长。

假设 5.2 零售业外部创新促进边际消费倾向增加。

5.2.2 零售业内部创新对消费影响效应的机理分析

消费集约增长，依托于商品价格下降推动的实际可支配收入增加。零售商内部创新以降低经营成本为目的，但成本降低并不一定引起价格同方向、等数量变化。零售商价格调整行为还受菜单成本、市场结构等因素影响（图 5-3）。如果面临较高调价成本，或所处市场缺乏竞争，零售商都不会调整零售价格，内部创新效应也不会传导到价格，消费集约增长机制难以实现。零售商内部创新对消费集约增长的经济效应，需要分析零售价格变动特征。

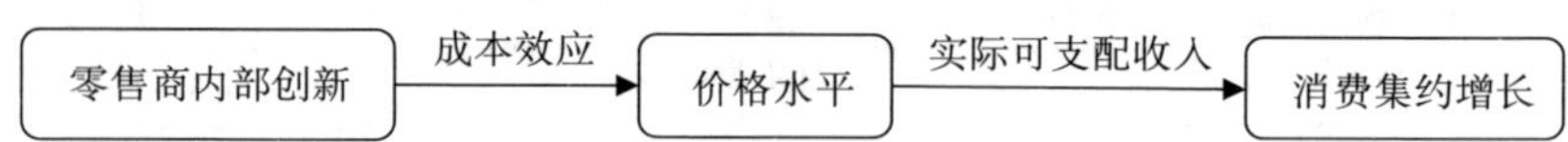

图 5-3 零售商内部创新对消费集约增长的影响机理图

学者基于价格调整成本理论（Rotemberg，1982）对零售商价格调整中的菜单成本展开了分析。随着零售商信息化程度提高，电子价签得到普遍应用，价格调整的菜单成本已经大幅下降，线上价格频繁调整成为可能，但线下零售商调整仍面临较高菜单成本。阿尔瓦雷斯和里皮（Alvarez 和 Lippi，2011）认为随着网络零售日益普及和移动零售发展，比价成为消费者在实体零售购物时的常见行为，线下零售商在比价压力下更易产生价格调整行为，并形成节约菜单成本的创新需求。以上研究表明，菜单成本虽然仍是价格调整的影响因素，但其影响力呈下降趋势。零售商内部创新以降低成本为目标，如果零售商因此降低了运营成本，并且受到的菜单成本阻力变小，零售价格波动富有弹性，零售商内部创新就能够通过价格变动影响实际可支配收入进而影响消费集约增长。

从产业层面看，零售业内部创新一方面在模仿创新效应和分工效应滋养下推动零售商进一步降低运营成本及商品零售价格，另一方面由于影响行业进入壁垒，使得产业中聚集了大量实施内部创新的中小零售商，其分散了大型零售商的市场份额，不利于发挥零售业规模经济、降低成本及商品零售价格。零售业内部创新对商品零售价格的影响效应存在不确定性，进而存在促进或者阻碍消费增长的双重可能性。因此，本书提出：

假设 5.3a　零售业内部创新促进消费增长。

假设 5.3b　零售业内部创新不利于消费增长。

5.3　零售业创新对消费影响效应的实证分析

5.3.1　模型构建

本书依据假设 5.1 和假设 5.3，建立模型 3（见公式 5.5）检验零售业外部创新和零售业内部创新对消费增长的影响；依据假设 5.2，构建模型 4（见公式 5.6）检验零售业外部创新对边际消费倾向的影响。

$$C_{it} = a + \beta_1 \ln^{EI_{it}} + \beta_2 \ln^{II_{it}} + \beta_3 yd_{it} + \beta_4 import_{it} + \beta_5 mj_{it} + \varepsilon_{it} \quad (5.5)$$

$$\ln^{MP_{it}} = a + \beta_1 \ln^{EI_{it}} + \beta_2 \ln^{II_{it}} + \beta_3 yd_{it} + \beta_4 import_{it} + \beta_5 mj_{it} + \varepsilon_{it} \quad (5.6)$$

在模型 3 中，选取城镇人均消费支出（C）作为被解释变量。由于限额以上零售企业主要在城镇布局，本书使用城镇居民消费统计数据。关于消费的统计指标主要有居民消费水平、社会消费品零售总额以及人均消费支出，其中居民消费水平由商品消费和劳务消费两部分组成，与零售业主要促进商品销售的口径不相符，而社会消费品零售总额中有一部分是机构或社会团体购买额，用常住人口作为基数计算的人均社会消费品零售总额比人均可支配收入数额还要大，不适合作为居民消费的测度指标。本书选用城镇居民人均消费支出测度居民消费水平，其包括人均在食品烟酒、衣着、居住、生活用品及服务、交通和通信、教育文化娱乐、医疗保健及其他用品及服务八个方面的消费。近年来，有学者将后面四项支出作为居民服务消费的测度指标，这种做法忽略了与服务相伴的商品消费，以交通和通信消费支出为例，其中的通信设备、汽车购买以及汽油都是重要的商品消费支出。因此，城镇居民人均消费支出虽然包括部分服务消费支出，但作为商品消费测度指标具有一定的合理性和普遍性。

在模型4中，选取消费倾向（MP）作为被解释变量，其值等于城镇人均消费支出和城镇人均可支配收入的比值，该指标反映在任一收入水平上消费支出在收入中的比率，该比值越大说明越多收入用于消费。依据消费倾向边际递减理论，消费倾向随着收入增加而降低。

依据张昊（2016）研究零售供给改善对消费影响的实证，分析选取城镇人均可支配收入（yd）、进口额（import）、营业面积（mj）作为控制标量。被解释变量和其余控制变量数据来自国家统计局网站分省年度数据，各指标的选取过程及预期符号见表5-2。

表5-2　各变量选取指标及预期符号

指标性质	变量名称	变量说明	计算公式	预期符号
被解释变量	C	城镇居民人均消费支出（元）	统计指标	
被解释变量	MP	边际消费倾向	城镇居民人均消费支出/城镇居民人均可支配收入	
解释变量	EI	零售业外部创新	实现外部创新零售企业占比	+
解释变量	II	零售业内部创新	实现内部创新零售企业占比	-

续表

指标性质	变量名称	变量说明	计算公式	预期符号
控制变量	yd	城镇居民 人均可支配收入	统计指标	+（模型 3） -（模型 4）
控制变量	import	限额以上零售业 企业进口额（亿元）	统计指标	+
控制变量	mj	连锁零售企业年末 零售营业面积（万平方米）	统计指标	+

表 5 -3 是主要变量的描述性统计结果。被解释变量城镇居民人均消费支出（C）的均值是 24 257. 56，标准差为 5 472. 85（最小值为 16 993，最大值为 46 358），被解释变量消费倾向（mp）的均值是 0. 68，标准差为 0. 05（最小值为 0. 60，最大值为 0. 78），人均消费支出比消费倾向具有更大的差异性。

表 5 -3　　被解释变量和控制变量描述性统计

变量	均值	标准差	最小值	最大值
C	24 257. 56	5 472. 85	16 993	46 358
mp	0. 68	0. 05	0. 60	0. 78
yd	35 854. 82	8 759. 59	25 693	73 849
import	88. 35	101. 98	0. 1	487. 4
mj	591. 35	615. 43	13. 05	2 842. 74

5. 3. 2　回归过程和结果

由于不同截面单元可能存在个体差异，首先对各回归模型进行截面异方差检验，检验结果见表 5 -4。

表 5 -4　　截面异方差检验

模型	Wald 截面异方差检验	
	统计值	P 值
模型 3	2 360. 58	0. 00
模型 4	38. 57	0. 00

Wald 截面异方差检验的原假设为样本数据不存在截面异方差，表 5－4 的检验结果表明，模型 3、模型 4 均在 99% 的置信水平上拒绝了原假设，即模型存在截面异方差问题。接着，对各模型进行多重共线性检验，各模型的方差膨胀因子依次均为 2.05。Hausman 检验的结果表明，固定效应模型具有更优的解释力（表 5－5）。因而本章在回归过程中采用和第 4 章相同的针对截面异方差问题的标准误回归方法（SCC）对计量模型进行估计。

表 5－5　　Hausman 检验

模型	Hausman 检验	
	统计值	P 值
模型 3	50.01	0.00
模型 4	34.94	0.00

计量模型的回归结果见表 5－6。

表 5－6　　零售业创新对消费影响的实证结果

变量名	模型 3	模型 4
	C	Ln^{MP}
零售业外部创新对数（ln^{EI}）	1153.83 ***	0.04 *
	(6.03)	(2.38)
零售业内部创新对数（ln^{II}）	－557.77 *	－0.01
	(－2.70)	(－1.63)
城镇居民人均可支配收入（yd）	0.59 ***	－3.20e－06 *
	(44.55)	(－5.18)
零售业企业进口额（import）	3.19	0.00
	(1.39)	(0.53)
连锁零售企业营业面积（mj）	0.82 ***	0.00 ***
	(7.12)	(7.43)
常数项（a）	362.95	－0.37
	(0.23)	(－4.14)
P > chi2	0.00	0.06

注：括号中数字为 p 值，***、**、* 分别表示回归系数在 1%、5%、10% 的置信水平下显著。

模型 3 以城镇人均消费支出作为被解释变量，是对假设 5. 1 和假设 5. 3 的检验。零售业外部创新的估计系数为 1153. 83，在 1% 水平下通过显著性检验，说明当前我国零售业外部创新对消费增长有显著促进作用，零售业外部创新增加 1%，消费增长 11. 53 元，假设 5. 1 得到证实，并且促进效应大于零售业内部创新的负向影响。零售业内部创新估计系数为 −557. 77，在 10% 水平下通过显著性检验，假设 5. 3b 得到证实，零售业外部创新增加 1%，消费减少 5. 58 元，即当前我国零售业内部创新不利于消费增长。第 4 章实证结果表明，当前我国零售业内部创新对零售业市场结构优化和全要素生产率提升均存在不利影响，从而节约成本和降低价格的目标没有实现。各控制变量的符号与预期相符，其中人均可支配收入对消费增长的促进效应显著，1 个单位的人均可支配收入增加带来 0. 59 个单位的人均消费支出增长，收入仍是影响消费的重要因素。

模型 4 以消费倾向对数作为被解释变量，是对假设 5. 2 的检验。零售业外部创新的系数为 0. 04，在 10% 水平下通过显著性检验，假设 5. 2 得到证实，即零售业外部创新对消费倾向有正向促进效应。人均可支配收入系数为负，在 10% 水平下通过显著性检验，与凯恩斯的消费倾向递减理论相符，表明在其他条件不变假设下，人均可支配收入增长会出现消费倾向递减。通过系数比较可知，零售业外部创新增加 1 个单位，边际消费倾向增加 4%，而人均可支配收入增加 1 个单位，消费倾向减少 −3. 20e −04%，零售业外部创新发展可以抵消收入增长造成的边际消费倾向递减，促进消费增速高于收入增速。控制变量零售企业进口额和连锁零售企业营业面积回归结果与已有研究一致，对消费增长和边际消费倾向均有正向促进作用。

5. 4　本章小结

本章分析了零售业外部创新和零售业内部创新影响消费增长的机理，运用标准误回归方法（SCC）实证，得出以下结论：

（1）在1%的显著性水平上，零售业外部创新对消费增长有显著促进作用，并且促进效应大于零售业内部创新的负向影响；

（2）在10%的显著性水平上，零售业内部创新阻碍了消费增长。当前零售业工艺创新的潮涌效应和零售业组织创新的进入壁垒效应，不利于零售业发挥规模经济，对消费增长产生不利影响；

（3）在10%的显著性水平上，零售业外部创新对边际消费倾向有正向促进效应，并且高于收入增长造成的消费倾向递减效应，促进消费增速高于收入增速。

以上分析可知，零售业创新能够从集约和扩展两个方面影响消费增长，当前我国零售业外部创新对消费扩展增长影响效应显著，零售业内部创新在我国零售业分散的市场结构中不利于消费增长，但当前零售业外部创新对消费增长的促进效应大于零售业内部创新对消费增长的负向影响。从整体上看，零售业创新促进了消费增长。

第 6 章

零售业创新对产出的影响效应分析

短流通背景下，零售商与生产商直接交易的规模不断扩大，零售业创新强化了自身交易职能，生产商对零售商的依赖进一步加强。目前，关于零售业创新对产出的影响多用“引导”效应，旨在说明零售业创新有益于生产商精确、及时甚至提前获取市场需求信息，促进以需求为导向的产品研发和设计，推动产品创新。本书认为，仅从引导效应视角研究零售业创新对生产商的促进作用，存在片面性与不确定性，一方面引导效应与零售业部分创新类型有关，并不能涵盖零售业所有创新类型对产出的影响效应，另一方面零售商给予市场需求反馈信息也不必然引发生产商产品创新，即需求信息不一定会实现产品创新，还要受科学技术发展水平制约；同时，产品创新也不必以现实需求为基础，可能还会创造需求。因此，零售业创新对产出更为全面和深入的影响机理还需从零售业社会分工中分析，从节省生产商与消费者双边交易成本中探究其中路径。长期以来，流通经济理论研究难以突破，主要原因之一是较少与主流经济理论对接。为此，本章顺应产出理论主流研究范式，从要素投入视角探究零售业创新对产出的影响机理，并构建一般均衡模型予以阐述。

6.1　零售业创新对产出影响效应的理论机制[①]

把生产商和零售商作为两个不同的主体，其理论来源是“生产性劳动”和“非生产性劳动”。马克思流通经济理论认为两种劳动存在差别：生产性劳动为社会创造价值，使资本增值，是社会财富源泉；而非生产性劳动是实现价值的活动，参与生产性劳动创造的价值分配。本章研究零售业创新对产出的影响，把生产看成与零售不同的活动，即生产性劳动。从事生产性劳动的个体称为生产商。产出来源于生产性劳动。

① 宏观经济分析经济增长问题时，使用人均产出概念。本章中的产出指人均产出。

6.1.1 增长理论的要素投入视角

在西方经济学理论中，生产商与消费者直接见面，中间部门不存在。每个生产商都是一个反映投入和产出关系的生产函数，市场供给函数由单个供给函数加总得到，生产商的总产出就是经济总产出。从20世纪中叶开始，经济学家开始利用总量生产函数研究经济增长问题，取得了长足进展。20世纪40年代末，哈罗德－多马提出了最早的经济增长数理模型，奠定了从要素投入视角构建经济增长理论的研究思路。索罗和斯旺将新古典模型引入经济增长研究，开启了运用生产函数研究经济增长的模型范式，直到后来的内生经济增长理论仍是沿用生产函数模型。西方经济学在研究经济增长问题时始终以生产函数模型作为理论和方法基础，这体现了从要素投入视角研究产出增长的一般思路。

面对出口和投资压力，经济增长更多依靠内需拉动。关于消费能否促进经济增长，学者观点不尽一致，有些学者认为消费增加会挤出储蓄与投资，从而不利于经济增长（徐诺金，2012；林毅夫，2013），也有一些学者从消费带来的健康人力资本投资、教育人力资本投资（匡贤明，2015；王弟海等，2015）视角阐述消费增加对经济增长的促进作用。上述研究成果表明，学者对经济增长问题的研究，不论是供给视角还是强调需求引领视角，都与生产函数模型及要素投入密切相关。生产函数理论表明增长来源于资本、劳动，以及技术进步的推动。在这三种要素中，人是根本，是劳动力、资本的投资者以及技术进步的创造者。人从事生产的动机及其实现程度影响着要素投入数量与质量，关乎产出增长问题。

6.1.2 与需求相关的生产理论

1. 马克思与人的需要相关的生产理论

马克思历来反对离开人的需要而空谈生产。他在《詹姆斯·穆勒〈政治经济学原理〉一书摘要》中把人的劳动和人的需要相关联，指出：“我的劳动满足了人的需要，从而物化了人的本质，又创造了与另一个人的本质需要相符合的物品[①]”。人的需要的内在必然性决定了他们要为自己的需要奋斗不息，而满足这些需要的外部条件又决定了他们永远不会如愿以偿。因为需要的满足即新陈代谢的完成，是无法由人体在脱离外界环境、不与外界环境进行物质能量交换的情况下孤立地实现的。马克思认为，“任何人如果不同时为了自己的某种需要和为了这种需要的器官而做事，他就什么也不能做[②]”。马克思从人的社会关系中去认识和界定人的本质和需求，因而人的需求就必然体现出社会性特征。不同于自然需求的单一物质性特点，需求的社会性表现为现实需求的无限性和广泛性，“人以其需求的无限性与广泛性区别于其他一切动物[③]”，消费在人类活动中的重要性不言而喻。人从出现在地球舞台上的第一天起，每天都要消费，不管在他开始生产以前还是生产期间都是一样。人们为了生活首先需要吃、喝、住、穿，同时担负满足需求的生产职能。

2. 西方经济学与人的需求相关的生产理论

在西方主流经济学消费者理论中，消费和闲暇对居民效用水平具有正向促进作用。在两部门完全竞争一般均衡模型中，消费者向生产商提供劳动，同时从所提供的劳动中获得收入，又用这些收入去购买商品进行消费。生产商购买消费者的劳动，从事商品生产，消费者获得劳动收入以实现消费及效用。消费者不是在劳动过程中获取效用，而是从劳动结果中获得收入以实现消费。消费者为了满足商品需要和获取收入需要从事劳动，预期能够获得的收入越高以及所能消费的商品越多，付出的劳动也就越多。体力劳动增长形成更多劳动力投入要素，脑力劳动增长形成更多人力资本投入要素，从而促进产出增长。2010 年诺贝尔经济学奖获得者戴蒙德（Diamond，1982）运用交易外部性理论，进一步阐述了人如何实现商品需要及收入需要。

交易外部性研究源于学者为凯恩斯宏观经济理论构建的微观基础。凯

---

① 《马克思恩格斯全集》第 42 卷．［M］．北京：人民出版社，1965：37.

② 《马克思恩格斯全集》第 3 卷．［M］．北京：人民出版社，1960：286.

③ 《马克思恩格斯全集》第 49 卷．［M］．北京：人民出版社，1979，143.

恩斯宏观经济理论缺乏微观经济基础，原因在于凯恩斯认为微观经济个体是“动物精神”个体，而不是有边际思维的经济人。在凯恩斯的理论中，个体行为由心理动机驱动，而不受边际思维引导。从“动物精神”假设出发，尽管人类大多数经济行为源自理性的经济动机，但有时也受动物精神的支配。凯恩斯对投资者的动物精神展开了分析，他发现投资者在做出选择时受其他投资者选择结果的影响，即一个具有“动物精神”的投资者感觉到其他投资者有扩大投资的动机时，他也会做出扩大投资的选择，从而推动经济社会在较高产出水平实现新的均衡。“动物精神”假设由于缺乏微观经济学理论支撑，在凯恩斯之后的经济学研究中，逐渐被主流经济学研究所遗忘。这种局面在2008年出现转折，当年诺贝尔经济学奖获得者阿克洛夫和席勒（Akerlof 和 Shiller）再次将“动物精神”带回主流经济学中。基于凯恩斯已有研究基础，他们对“动物精神”进行了进一步探讨，挖掘出“动物精神”的理性特征，提高了其在宏观经济研究中的学术地位。在著作《动物精神》一书中，他们认为“在现代经济学中，动物精神指的是导致经济动荡不安和反复无常的元素，用来描述人类与模糊性或不确定性之间的关系”。“动物精神”五大因子包括：信心及其乘数效应、公平、腐败和欺诈、货币幻觉、故事。在这五大因子中，信心及其乘数效应是动物精神理论的基石，投资、劳动等个体行为都受到信心及其乘数效应影响。“动物精神”使得个体做出行为选择时会受到其他人决策的影响，个体劳动会因其他劳动供给增加而增加，减少而减少，使得经济产出在不同水平形成新的均衡。

2010年诺贝尔经济学奖获得者戴蒙德（Diamond，1982）将动物精神引入一般均衡模型，提出了交易外部性理论，他的研究成果由两篇讲稿组成（乔海曙，谢璐芳，2010）。第一讲“标准搜寻模型”主要阐释了在易货经济体条件下的标准均衡搜寻模型，他认为标准搜寻模型要摒弃无摩擦、无交易成本、完善资源配置机制等假定，假设不存在瓦尔拉斯均衡中间商。因此，他假设经济体中所有交易都由个体和个体来完成，不存在市场和个体之间的交易，每一个个体需要付出时间成本去寻找交易伙伴。他对标准搜寻模型的等式和几何图形进行了深入探讨，阐明该模型是一种非完善资源配置机制。第二讲“标准稳态均衡搜寻模型”包含一个新的假定——贸易技术规模报酬递增，即专门从事交易的个体数量越多，个体搜寻成本会越少，交易协议达成难度也会越低。戴蒙德的研究表明，个体经济决策不仅受自身因素影响，还受其他个体生产与否影响。如果个体对其他个体生产行为具有较充足的信心和较好的预期，那么他也会投入劳动，开始生产用于交换的商品，人均产出增加；反之则生产激励不足。

以上理论表明，需求是人从事生产的原因之一。需求是否得到满足、满足的程度以及如何得到满足决定了个体对劳动投入的程度，从而影响产出增长，这就是以需求为中心的产出理论的核心思想。在社会分工下，劳动者的需求满足与交换活动密不可分，劳动者一方面作为生产者获得收入，满足需求中的收入需要，另一方面作为消费者在市场进行购买，满足需求中的商品需要。收入需要和商品需要是构成需求的两个基本条件。马克思的需求理论、西方经济学的动物精神理论及交易外部性理论都表明商品需要是影响产出增长的重要因素，人们对商品有需要，才会引致生产，并以劳动收入实现购买。如果没有商品需要，人们生产就因无意义而减少。如果收入较低影响商品需要的满足，人的生产积极性也会下降。

零售业在满足人们商品需要和收入需要两方面发挥作用，零售业创新能够增强人们对商品需要和收入需要的满足程度，对生产性劳动形成激励，从而推动产出增长。

6.1.3　零售业外部创新促进商品需要的机理

零售业一头连着消费者，消费者同时是生产的从事者。个体动物精神以及交易外部性理论都表明个体从事生产创造商品供给，同时满足商品需要。个体从事生产活动的意愿受到信心及其乘数影响，劳动供给在交易外部性驱动下会有“成群结队”的现象，即如果其他个体具有较高的劳动供给意愿，创造了丰富的商品供给，消费这些商品产生的效用就能够激励个体以生产商角色从事劳动、获取工资与购买商品。如果社会产品不丰富，那么个体就会因为商品数量、质量或种类供给不足，减少从事劳动的积极性，则不利于产出增长。

以交易外部性理论为基础，零售业外部创新促进产出增长的过程可以划分为三个阶段（见图6－1）。首先，零售业外部创新降低了消费者搜寻成本，零售商承担了消费者交易成本的转移，消费者能够以更低成本搜寻商品，搜到符合需要商品的概率会增加。特别是随着个性化推荐创新，零售商不仅满足了消费者现实需要而且挖掘了潜在需要，从而引起消费欲望，产生更多商品需要。同时，由于商品周转率加快，生产商收入水平获得提高。最终，商品需要以及收入需要结合扩大了消费需求，接着对个体劳动供给产生更大激励，最终形成了消费拉动产出增长的局面。

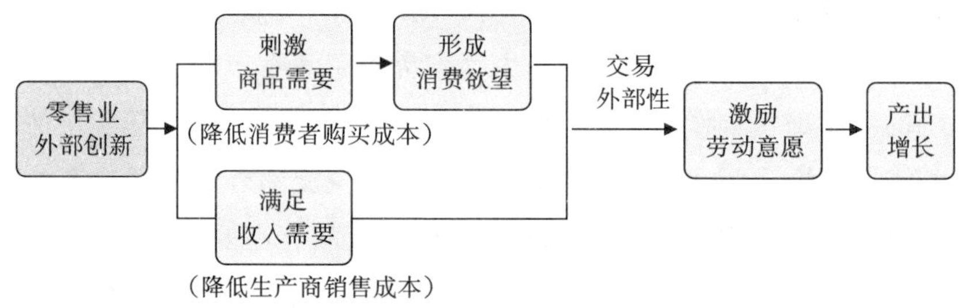

图6－1　零售业外部创新促进产出增长的机理

在收入一定条件下，消费增加可能会减少储蓄，储蓄不足会影响投资增长，出现“消费抑制产出增长”的情况（林毅夫，2013）。然而以生产为中心的需求理论表明，消费者为了追求持续的满足和效用，会产生较强的劳动意愿，从而可能出现高消费和高储蓄并存的情况。此时，消费和储蓄的矛盾也得到了解决。劳动意愿增加，并不意味着闲暇时间减少。消费者在消费目的引导下，会选择在不减少闲暇时间的前提下的收入增加（贝克尔，2008），即消费者不是通过增加劳动时间，而是依赖提升劳动效率来增加收入。因而，零售业创新推动的劳动供给增加可能对闲暇造成挤出效应，也可能提升个体劳动效率。零售业外部创新推动了消费增长，提升了劳动生产率，能够抑制消费对储蓄以及劳动对闲暇的挤出效应。

6.1.4　零售业内部创新满足收入需要的机理

零售业内部创新存在着复杂的合成机制，一方面合成放大效应滋养着零售商内部创新质量提升，零售商以更低的成本承接生产商销售成本转移，另一方面合成谬误问题造成行业产能过剩和规模不经济的情况，不利于零售商低成本运营。零售业内部创新影响取决于两种效应的对比，如果合成放大效应多于合成谬误问题，那么零售业内部创新节省了承接成本，从而节约了全社会商业资本；如果合成放大效应小于合成谬误问题，那么零售业内部创新并没有降低零售商承接成本，反而由于全社会零售业创新资本过度投资，给零售商带来还贷压力。本书前述章节探讨了零售业内部创新的主效应，理论分析结果表明行业集中度是零售业内部创新主效应的关键影响因素。在集中的市场结构中，每个零售商都有较大的市场份额，产能过剩较少甚至不会发生，合成放大效应是零售业内部创新的主效应。在分散的市场结构中，每个零售商占有很小的市场份额，实际产出与最大产能的距离变大，产能容易过剩。我国零售业市场集中度无论是按照贝恩标准还是和发达国家发展实践相比，都处于较低水平，都没有达到门槛回归模型的门槛值，因而前述章节构建的计量模型只包括了零售业内部创新，而没有考虑其二次方项，实证结果表明在当前分散的零售业市场结构中，零售业内部创新主要表现为合成谬误问题。

本章探讨零售业创新对产出的影响机制，近似于理想状态下的规范分析，因而在以下的分析中假设零售业有较高的市场集中度，行业存在规模经济，从而零售业内部创新以合成放大效应为主导。在如上假设下，零售业内部创新节省了全社会的商业资本，有利于生产商保留更多利润，对于激发生产商劳动意愿及推动人均产出增长具有积极影响（见图 6－2）。零售业外部创新节省生产商销售成本，把生产商的搜寻活动更多地转化为零售商从事的搜寻活动，但零售商产生经营成本支出。关于商业劳动的性质问题，马克思从全社会角度出发，认为商业劳动无法产生剩余价值，不能算为生产性劳动，但商业劳动可以为生产商节约流通费用，因为“商人专门从事这种业务，所以不仅生产商可以把他的商品较早地转化为货币，而且商品资本本身也会比它处在生产商手中的时候更快地完成它的形态变化”。零售业内部创新使得生产商能够以更少的销售费用完成商品流通并获得更多利润。在利润收入预期增长下，生产商有更强的劳动意愿并对产出增长起到正向促进作用。

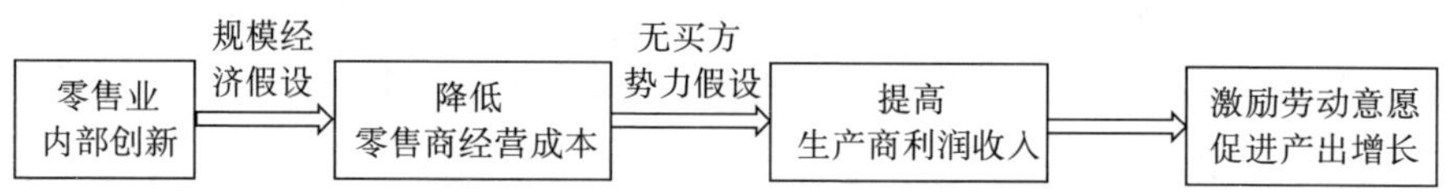

图 6-2　零售业内部创新促进产出增长的机理

零售业内部创新对生产商收入影响效应受零、供双方市场势力影响。零售商有时会在合同中添加不利于供应商的附加条款，强制供应商遵守，例如零售商可以延期付款和无责任退货，生产商承担新市场的推广费、品牌推介费、开发期综合费等一系列费用。网络购物在冲击传统零售业同时，一些不好的商业“习惯”也开始显露，出现了与大型实体零售商非常相似的“食利型”赢利模式（王维莉，2014）。我国的网络零售格局已形成阿里巴巴、京东为首的两巨头竞争模式，网络电商凭借自己在产业的垄断地位提出供应商要“选边站队”、供应商要参与平台的促销活动、收取不合理的服务费、对假货打击不力等一系列不合理的要求，这些严重破坏市场公平交易的行为频频引发零供冲突，引起大众和学术界的关注。交纳进场费和按销售额扣点，正在成为国内电商平台的交易潜规则。平台使用费实质就是网上“通道费”，交易佣金则是网上的“销售扣点”，以上这些陋习在实体零售商处正逐渐消失，却开始在线上零售商平台大行其道（刘向东、郭艾，2019）。根据中国连锁经营协会和 Advantage 联合发布的《中国零供商业关系研究 2017 年度报告》显示：近年来，实体零售（大卖场/超市渠道）对供应商的满意度始终高于供应商对实体零售（大卖场/超市）的满意度，实体零售具有较强的买方势力；供应商对实体零售商的满意度呈现增长趋势，而实体零售商对供应商的满意度却是在下降。由于渠道优势正在被消弱，传统实体零售商通过改善零供关系与供应商共赢的意愿日益增强（见图 6-3）。

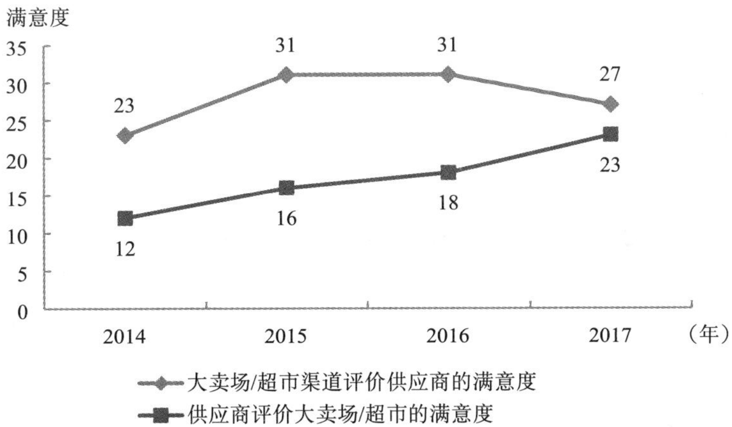

图 6－3　实体零售（大卖场/超市）渠道零供关系变化趋势图（2014—2017 年）

资料来源：本图数据来源于《中国零供商业关系研究 2017 年度报告》。

与实体零售形成对比的是，供应商对电商的满意度逐渐下降，且电商与供应商之间满意度不对等程度日益扩大，这表明电商具有较强的市场势力（见图 6－4）。

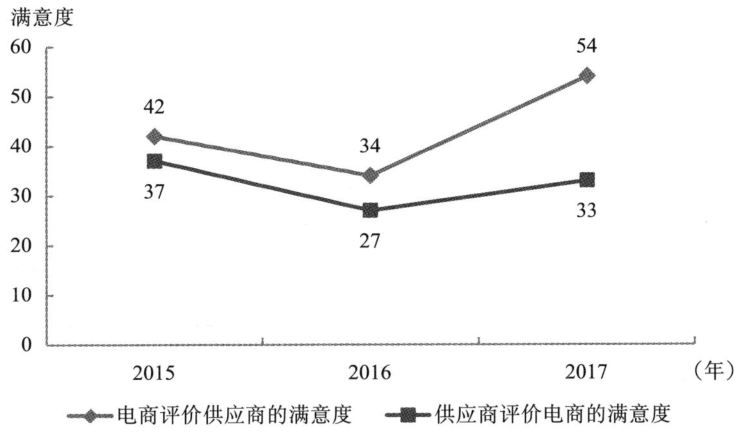

图 6－4　电商与供应商满意度变化趋势图（2015—2017 年）

资料来源：本图数据来源于《中国零供商业关系研究 2017 年度报告》。

零售商较强的买方市场势力不利于零售商与生产商共享创新利润，不利于满足生产商收入需要动机。特别是，本章理论分析建立在零售业具有较强的市场结构的假设下，零售商的买方势力是一个重要变量。本书将分别求解零售商独享创新收益以及分享创新收益时的均衡结果，并进行比较分析。

6.2 零售业创新对产出影响效应的数理模型

6.2.1 模型假设

1. 模型起点

戴蒙德（Diamond，1982）运用交易外部性理论描述了产出增长问题。假定在一个封闭的岛上，居民只消费一种商品——可可果，可可果靠从可可树上摘取获得。居民不能消费自己摘取的可可果，必须与别人交换。当一个人发现可可树时，因为爬树需要成本，他是否愿意爬树摘取可可果取决于是否有足够多的其他居民也会上树摘取可可果，如果其他居民不摘取可可果，则不存在潜在的交易伙伴，上树摘取可可果不会形成交易，也就失去了价值。交易预期影响个体爬树采摘可可果的积极性，从而影响人均产出水平。这个模型表述的思想是，交易伙伴的生产行为会产生外部性，从而影响个体的生产行为。如果从事生产的个体众多，则意味着社会中可供交换的商品越为丰富。个体面对市场中数量众多的商品，在商品需要的驱动下，自身为了获得所需要的商品投入劳动进行生产并实现交换，产出在交易外部性机制中实现增长。

戴蒙德（Diamond，1982）模型表明在没有摩擦的交易环境中，岛上居民在交易前已经知道哪些交易伙伴从事了可可果采摘，哪些交易伙伴没有可以交易的可可果，在完全信息的交易环境中完成可可果交易。然而，交易摩擦和信息不充分造成的交易成本更贴近于现实世界，由零售业承担的商品交易顺应了生产商降低销售成本的动机。在上面的故事中，引入零售业更能增强模型对现实现象的解释力（巴塔恰亚和哈格蒂，Bhattacharya

和 Hagerty，1987）。

假设，这个小岛的居民在交换可可果时存在交易成本，居民并不知道哪些交易伙伴从事了可可果采摘，在交易时需要依次问询他人是否有可可果，在询问的过程中势必会耗费体力、时间等成本。如果搜寻成本很高，消费者会较早退出市场，甚至不进入市场，这样找到可可果的概率就会降低，导致居民没有生产的积极性。而当期采摘了可可果的居民因为没有交易产生，需要等待交易才有动力继续生产，从而影响未来产出的增长。由此可知，生产积极性不仅取决于人均产出数量，还取决于交易成本决定的匹配概率。交易成本越高，交易概率就越降低。零售业作为专门的产业部门，其产业分工就是承接交易双方的交易成本，由零售业完成交易的匹配能够提升匹配概率，推动个体形成更多的商品需要和更强的劳动意愿。零售业外部创新能够降低双边市场交易成本，因而本章将其引入模型具有理论合理性。

在引入零售业后，个体收入发生改变。双边将交易成本转移给零售商，同时需要让渡部分利润给零售商，以补偿零售商承接交易成本转移的活动。在生产商和零售商的交易中，生产商只能获得产出的部分价值，通常表现为批发价格。显然，批发价格越高，生产商收入越高，能够交换到的商品数量越多，生产的积极性也就越高。零售业内部创新降低了经营成本，为零售商在保持利润不变甚至增加的前提下，同时向生产商制定较高的批发价格创造了条件。由此可见，零售业内部创新进入模型也具有合理性。以下模型构建以巴塔恰亚和哈格蒂（Bhattacharya 和 Hagerty，1987）①、董烨然（2011）的研究为基础，分别引入零售业外部创新和零售业内部创新。

---

① Bhattacharya 和 Hagerty（1987）模型研究了内生商业企业市场均衡。本书对该模型的发展体现在：引进了零售业外部创新（EI）和零售业内部创新（II）参数，分析了零售业各创新对市场均衡时人均产出的影响；引进了零售商市场势力参数，分别分析零售商具有市场势力和没有市场势力条件下，零售业内部创新对市场均衡时人均产出的影响。

2. 零售业假设

本章探讨零售业创新对产出的影响机制，属于理想状态下的规范分析。首先假设零售业有着理想的市场结构，即较高的市场集中度，那么零售业内部创新以合成放大效应为主导。其次假设社会所有交易都由零售商完成，生产商负责生产，等待零售商上门购买。零售业外部创新水平为EI，也就是有比例为EI的零售商开展了服务、营销等外部创新。零售业内部创新水平为II，也就是有比例为II的零售商开展了工艺、组织等内部创新，EI和II均小于1。每个零售商有两个决策变量，一个是为生产商服务的水平，另一个是批发价格W。在Bhattacharya和Hagerty（1987）的模型中，零售商的服务水平与其市场规模n负相关，零售商服务水平表示为1/n，即市场规模越大，每位生产商被搜寻到的概率就会越低。然而，该模型没有考虑创新，根据零售业外部创新的合成放大效应，创新零售商的搜寻能力能提高到（1+EI）倍，即创新零售商拜访每位生产商的概率为（1+EI）/n，那么每位生产商被搜寻到的概率为：

$$h=\frac{1}{n}(1-EI)+\frac{(1+EI)}{n}EI=\frac{1+EI^2}{n} \tag{6.1}$$

随着零售业外部创新增长，每位生产商被搜寻到的概率也在提高。零售商搜寻能力的提升抵消了市场规模扩大带来的服务水平下降。

零售业内部创新能够降低零售商经营成本。假设实施内部创新的零售商并不调整批发定价，仍是原来的价格水平W①，未创新零售商利润记为（1-W-d），其中d为零售商经营成本，则实施内部创新零售商的利润是：

$$(1-W-d)(1+II) \tag{6.2}$$

上式表明，内部创新零售商具有更高的利润，且利润增量和零售业内部创新的合成放大效应成正比例关系。由于II为正数，因而0<II<1，因而（1+II）大于1，并且随着II增加，创新零售商获得更多利润。

① 模型中使用的参数和变量都是标准化值，取值在0到1之间。

3. 生产商假设①

假设每一时期，每位生产商 M 能够生产 1 单位商品 Q，其市场价格为 1，但在生产之前不知具体需要付出多少成本。又假设所有生产商是同质且独立的，其生产成本可以表示为随机变量 C，生产成本分布函数为 F(C)。生产商在本期可以选择以成本 C 生产 1 单位的商品，或者本期不生产。假设生产过程只有在交易完成后才能继续，这样一方面反映了生产行为受到交易概率影响的思想，另一方面使得生产商的状态得以简化为 0 和 1，便于分析。Me 与 Mu 分别表示拥有 1 单位商品的生产商和没有商品的生产商，U_{Me}和 U_{Mu}是这两类生产商的预期效用。C^*表示使得 U_{Me}和 U_{Mu}相等的无差异成本。如果 $C < C^*$，则生产商从事生产。如果 $C > C^*$，则生产商不从事生产。假设 F(C) 为线性分布，那么 C^*值越大，生产商成本落在 $[0, C^*]$ 之间的概率越大，从事生产的概率也就越大。此外，生产商不能选择直接销售，且每次最多和零售商交换一单位商品。

6.2.2　零售商独享创新收益的模型均衡

1. 模型描述

社会由多个独立决策的市场参与者组成，每一个个体可以胜任任何工作，既可以从事生产，也能够从事零售。市场运行过程为：

第一个阶段，市场参与者选择成为生产商 M，或是零售商 R。社会由专业生产商 M 和专业零售商 R 构成。

第二阶段，零售商提供搜寻匹配，决定市场规模 n。市场规模越大，服务水平（1/n）越低，但创新可以改变服务水平。产业中实现外部创新的企业占比为 EI，外部创新使得创新零售商搜寻能力提高了（1 + EI）倍，服务水平提升到（1 + EI）/n，实现内部创新的企业占比为 II，内部创新使得创新零售商利润是未创新零售商的（1 + II）倍。

---

① 与交易外部性理论的基础模型相一致，假设不存在雇佣关系，每个生产者都是自负盈亏的生产商。

第三阶断：每次交易匹配的初期，生产商有两种类型：拥有 1 单位商品的 M_e，本期被零售商搜寻到的概率是 h，交易后获得 W 单位的消费，期末商品存量为零；没有库存的生产商 M_u 选择是否生产，如果 $C < C^*$，则生产商选择生产，反之，则不生产。

第四阶段：所有交易都由零售商完成，生产商和零售商在商品交换中实现价值分配并予以消费。零售商对生产商展开搜寻匹配，但事先并不知道被搜寻到的生产商是否有商品等待交易，遇到可交易对象的主观概率为 g。买卖商品的价格形成方式为：创新零售商跟随未创新零售商定价，向生产商出具价格 W，生产商选择接受或者不接受，如果接受，立即交换商品；如果不接受，双方等待下一个时期交换。如果成交，那么未创新零售商利润为（1 - W - d），创新零售商利润为（1 - W - d）（1 + Π）。

2. 个体最优

与戴蒙德（Diamond，1982）的研究相似，市场参与者都具有相同的无限生命，都是同质的和风险中性的，有着相同的贴现率 r。生产单位的偏好由未来收益的贴现值决定。未来收益的贴现值为：

$$U[\{W_t\}_{t=0}^{\infty}, \{C_t\}_{t=0}^{\infty}] = \sum_{t=1}^{\infty} \left(\frac{1}{1+r}\right)^t (W_t - C_t) \qquad (6.3)$$

其中，W_t 为生产商第 t 期消费的商品数量，C_t 为第 t 期的生产成本。期初没有产出的生产商 Mu，本期有两种可能策略：一种是选择生产，等待下一期交换，未来预期效用为 Ue，本期消耗成本 C，因此本期收益为（Ue - C），此时成本 C 需要落在［0，C^*］区间；还可能是仍然不生产，因为此时成本落在［C^*，1］，与期初具有相同的预期效用，未来预期效用仍是 Uu，C^* 为 Ue 和 Uu 相等的保留成本。因此，期望效用最大化目标表现为：

$$U_u = \max \frac{1}{1+r}\left\{\int_0^{C^*} (U_e - C)dF(C) + [1 + F(C^*)]U_u\right\} \qquad (6.4)$$

等式右边对 C^* 求导数，有：

$$(U_e - C^*)\ F'(C^*)\ - F'(C^*)\ U_u = 0 \qquad (6.5)$$

经整理，上式等价于：

$$C^* = U_e - U_u \qquad (6.6)$$

期初有产出的生产商 Me，本期有两种可能：被零售商搜寻到的概率为 h，获得 W 的收入，同时库存变为零，此时未来预期效用为 Uu，本期总收益为（W + Uu）；没有被零售商搜寻到的概率为（1 - h），此时商品没有销售出去，未来预期效用与期初相同，仍然为 Ue。因此，存在递推关系：

$$U_e = \frac{1}{1+r}[h(W+U_u)+(1-h)U_e] \tag{6.7}$$

将公式（6.6）代入上式，有：

$$rU_e = h(W+U_u-U_e) \tag{6.8}$$

将公式（6.6）、公式（6.8）代入公式（6.4），有：

$$U_u = \frac{1}{1+r}[(U_e-C)F'(C)+U_u-F'(C)U_u] \tag{6.9}$$

对上式进一步整理有：

$$r(U_e-U_u) = hW + hU_u - hU_e - \int_0^{C^*} F(C)dC \tag{6.10}$$

$$rC^* = h(W-C^*) - \int_0^{C^*} F(C)dC \tag{6.11}$$

$$(r+h)C^* = hW - \int_0^{C^*} F(C)dC \tag{6.12}$$

零售商决策变量是市场规模 n 与批发价格 W。未创新零售商在每一期随机前往其市场中的一个生产商处进行采购，其预期能够遇见有产品生产商 Me 的概率为 g，由于不是所有的生产商选择生产，那么 $g<1/n$；实现外部创新的零售商具有更高的服务水平，每期单次能够遇见有产品生产商 Me 的概率不变，仍然为 g，但由于搜寻能力提升，每期遇见有产品生产商 Me 的概率为（1 + EI）g。零售商每一期采购的主观预期，满足：

$$g = \sum_{i=1}^{n} h(1-h)^{(i-1)}\{[1-F(C^*)^{(i-1)}]g + [1-F(C^*)]^{(i-1)}(1-g)\} \tag{6.13}$$

假设生产商上一次是在 i 期前被零售商搜寻到，但零售商并没记住上一个时间段选择的是哪个生产商，则 $h(1-h)^{i-1}$ 表示该生产商仅在 i 期前被零售商搜寻到的概率。如果上一次生产商接受了零售商出价并且实现匹配，则表明再次面对零售商相同出价时，生产商仍然会接受和实现匹配。如果该生产商在过去的（i-1）个时间段中任意一个阶段进行了生产，其概率为$[1-F(C^*)]^{(i-1)}$，那么本期被零售商再次搜寻到，就会有交易产生，此时零售商主观预期为 g。如果该生产商在过去的（i-1）个时间段中都没有从事生产，对应的概率为$[1-F(C^*)]^{(i-1)}$，那么本期被零售商搜寻到就不会产生交易，零售商主观预期变为（1-g）。由于间隔时间段可能是大于等于 1 的任何整数，所以零售商交易的主观概率判断为所有情况的加总：

$$g=1-\frac{gh}{[1-(1-h)(1-F)]}-\frac{(1-g)h(1-F)}{[1-(1-h)(1-F)]}=\frac{F-ghF}{1-(1-h)(1-F)} \quad (6.14)$$

进一步整理有：

$$g=\frac{F(C^*)}{F(C^*)+h} \quad (6.15)$$

把公式（6.1）代入上式有：

$$g=\frac{F(C^*)}{F(C^*)+\frac{1+EI^2}{n}} \quad (6.16)$$

又，零售商的效用贴现为：

$$U_R=EIU_{EI}+IIU_{II}+(1-EI-II)U_N \quad (6.17)$$

其中：

$$U_{EI}=\frac{(1+EI)g(1-W-d)}{r} \quad (6.18)$$

$$U_{II}=\frac{g(1-W-d)(1+II)}{r} \quad (6.19)$$

$$U_{NI}=\frac{(1-W-d)g}{r} \quad (6.20)$$

以上 3 个公式分别代表三类零售商的期望效用，一类是实施外部创新的零售商，其占比为 EI，期望效用为 U_{EI}；一类是实施内部创新的零售商，其占比为 II，期望效用为 U_{II}；还有一类没有实施任何创新的零售商，其占比为（1 - EI - II）①，期望效用为 U_{NI}。当这三类零售商互相独立时，产业的预期期望效用为三类零售商预期效用的加权平均，有：

$$U_R = EI\frac{(1+EI)\ g\ (1-W-d)}{r} + II\frac{g\ (1-W-d)\ (1+II)}{r} + (1-EI-II)\ \frac{(1-W-d)}{r}g$$

$$= (EI^2+II^2+1)\ \frac{g\ (1-W-d)}{r}$$

$$= (EI^2+II^2+1)\ \frac{(1-W-d)}{r}\frac{F\ (C^*)}{F\ (C^*)\ +\frac{1+EI^2}{n}} \quad (6.21)$$

在没有引入零售业创新的模型中，零售商预期效用为公式（6.20）。与公式（6.20）相比，公式（6.21）具有更大的数值，这表明零售业外部创新和零售业内部创新提高了零售商平均利润。

3. 一般均衡

生产商和零售商可以自由进入，零售商都开展创新，但不是所有创新都可以实现，市场处于潜在竞争状态，市场均衡是对称的，从而交换均衡可以用（n，W，C^*）表示。均衡时，零售商、生产的生产商、不生产的生产商预期效用贴现分别为：$U_R(n,W,C^*)$，$Ue(n,W,C^*)$，$Uu(n,W,C^*)$，满足如下条件：

第一，给定 n 和 W 时，C^* 使得每个不生产的生产商预期贴现效用最大化；

第二，给定 C^* 时，（n，W）使得零售商的预期效用最大化；

第三，均衡时，零售商与生产商比例固定不变。由于零售商只和生产商产生了交易，那么零售商预期效用贴现与拥有 1 单位商品的生产商预期效用贴现相等，即：

$$U_R\ (n,W,C^*) = U_e\ (n,W,C^*) \quad (6.22)$$

① 依据零售商内、外创新模型，内部创新跟随外部创新，因而此处假设每个零售商要么从事外部创新，要么从事上一期外部创新引致的内部创新，内部创新企业和外部创新企业相互独立。

借鉴埃奇沃斯交易模型，当交易双方的决策变量具有替代性，并且同时达到最优时，双方在均衡处的决策变量替代率是相等的。前述分析表明 n 和 W 是具有替代性的，如果 n 较大，那么零售商就会因为较低的服务水平制定较高的批发价格 W。因而根据一般均衡条件有：

$$\frac{\frac{\partial U_R}{\partial n}}{\frac{\partial U_R}{\partial W}}=\frac{\frac{\partial U_e}{\partial n}}{\frac{\partial U_e}{\partial W}} \tag{6.23}$$

其中，

$$\frac{\partial U_R}{\partial n}=\frac{(EI^2+II^2+1)+(1-W-d)F(C^*)}{r}(1+EI^2)n^{-2}\left(F+\frac{1+EI^2}{n}\right)^{-2} \tag{6.24}$$

$$\frac{\partial U_R}{\partial W}=\frac{(EI^2+II^2+1)F}{r\left(F+\frac{1+EI^2}{n}\right)}(-1) \tag{6.25}$$

$$\frac{\partial U_e}{\partial n}=-(1+EI)h^2\frac{1}{r}(W-C^*) \tag{6.26}$$

$$\frac{\partial U_e}{\partial W}=\frac{(1+EI)}{n}\frac{1}{r} \tag{6.27}$$

将公式(6.24)—公式(6.27)代入公式(6.23)中，有：

$$\frac{1-W-d}{F+\frac{1+EI^2}{n}}=\frac{n(W-C^*)}{1+EI^2}\ \frac{1-W-d}{F+\frac{1+a}{n}}=\frac{n(W-C^*)}{(1+a)} \tag{6.28}$$

把公式(6.6)、公式(6.8)代入上式，有：

$$\frac{1-W-d}{F+\frac{1+EI^2}{n}}=\frac{U_e r}{(1+EI^2+II^2)F} \tag{6.29}$$

整理有：

$$F=\frac{\left(\frac{1+EI^2}{n}\right)^2}{1+EI^2+II^2} \tag{6.30}$$

公式(6.30)对 EI 求导，有：

$$\frac{\partial F}{\partial EI}=\frac{(2EI)\frac{2(1+EI^2)}{n}(1+EI^2+II^2)-\left(\frac{1+EI^2}{n}\right)^2 2EI}{(1+EI^2+II^2)^2}>0 \tag{6.31}$$

公式（6.31）表明，随着零售业外部创新发展，生产商从事生产的保留成本在提高，从而促进人均产出增长。

公式（6.30）对 II 求导，有：

$$\frac{\partial F}{\partial II}=-\left(\frac{1+EI^2}{n}\right)^2(1+EI^2+II^2)(2II)<0 \tag{6.32}$$

公式（6.32）表明随着零售业内部创新水平提高，生产商从事生产的保留成本在降低，生产积极性在下降，人均产出减少。主要原因是零售商内部创新的收益并没有让渡给生产商，而是全部转化为零售商利润，零售业收益提高吸引生产商转行到零售业，生产商从事生产的积极性降低。

6.2.3 零售商分享创新收益的模型均衡

上述分析假设，实施内部创新的零售商仍保持未创新时的批发价格。本节改变这一假设，认为实施内部创新的零售商会将创新利润的一部分让渡给生产商。引起零售商让渡利润的原因有：生产商市场势力加强，例如垄断性产品；零供关系主动改善，例如在供应链管理创新中，生产商与零售商从对立到合作，共同实现创新；零售关系强制改善，如政策、法律、法规对零售业的约束，也可以理解为利润让渡以税收和补贴的形式从零售商转移给生产商。实施内部创新零售商利润为（$1-W-d$）（$1+II$），零售商将其中 θ 部分分享给生产商，（$1-\theta$）留在零售商内部。零售商预期收益为：

$$\begin{aligned}U_R&=EIU_{EI}+II(1-\theta)U_{II}+(1-EI-II)U_N\\&=\frac{1-W-d}{r}(EI^2+II^2-\theta II-\theta II^2)\frac{F}{F+\frac{1+EI^2}{n}}\end{aligned} \tag{6.33}$$

从事生产的生产商预期收益等于正常收益（见公式 6.8）与零售商让渡的利润之和：

$$U_e = \frac{h(W + U_u - U_e)}{r} + \theta(1 - W - d)(1 + II)II \tag{6.34}$$

零售商和生产商均衡时有：

$$\frac{\frac{\partial U_R}{\partial n}}{\frac{\partial U_R}{\partial W}} = \frac{\frac{\partial U_e}{\partial n}}{\frac{\partial U_e}{\partial W}} \tag{6.23}$$

分别求解，有：

$$\frac{\partial U_R}{\partial n} = \frac{1 - W - d}{r}(EI^2 + II^2 - \theta II - \theta II^2)F\left(F + \frac{1 + EI^2}{n}\right)^{-2}(1 + EI^2)n^{-2} \tag{6.35}$$

$$\frac{\partial U_R}{\partial W} = -(EI^2 + II^2 - \theta II - \theta II^2)\frac{F}{F + \frac{1 + EI^2}{n}}\frac{1}{r} \tag{6.36}$$

$$\frac{\partial U_e}{\partial W} = \frac{h}{r} - \theta(1 + II)II \tag{6.37}$$

$$\frac{\partial U_e}{\partial n} = (1 + EI^2)\frac{W - c}{r}(-n^{-2}) \tag{6.38}$$

整理有：

$$F = \frac{[r\theta(1 + II)II - h](1 + EI^2)(1 - W - d)}{(1 + EI^2)(W - c)} - \frac{1 + EI^2}{n} \tag{6.39}$$

上式对 II 求导，有：

$$\frac{\partial F}{\partial II} = r\theta\frac{(1 + EI^2)(1 - W - d)}{1 + EI^2(W - c)}(1 + 2II) > 0 \tag{6.40}$$

公式（6.40），是零售业内部创新的边际产出倾向，表示零售业内部创新每增加 1 个单位，生产性劳动增加的比例，该倾向受到零售商利润分享比例 θ 的影响。公式（6.40）表明，当利润分享比例等于零时，零售业内部创新不会增加劳动倾向。随着利润分享比例增加，零售业内部创新的边际产出倾向也在变大（见图 6－5）。结果表明，生产商共享零售商利润分享比例越多，零售业内部创新越能够激励生产意愿，人均产出越大。

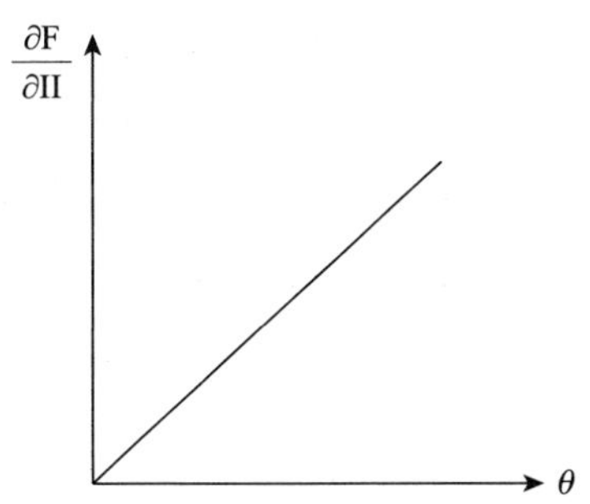

图 6－5　零售商利润让渡比例对零售业内部创新边际产出倾向的影响

6.2.4　模型结论

随着零售业外部创新水平提升，生产商对商品需要增加，从而接受较高的保留成本水平。但在零售商独享创新利润时，内部创新水平提高却造成生产商生产密度函数值减少，生产积极性下降。主要原因是，零售商没有将内部创新收益分享给生产商，零售商将内部创新减少的成本全部转化为零售商利润，零售业收益提高吸引生产商转行到零售业，生产商从事生产的积极性降低。若零售商与生产商共享利润机制，则能够加大生产商收入需要满足程度从而激励生产意愿及产出增长。

6.3　本章小结

本章探讨了零售业创新影响产出增长的机理，属于理想状态下的规范分析，因而假设零售业具有较高市场集中度，零售业内部创新和零售业外部创新都以合成放大为主导效应。研究顺应生产理论主流研究范式，从要素投入视角探究零售业各创新对产出的影响机理，并构建了包含零售业外部创新、零售业内部创新以及零售业买方市场势力的一般均衡模型，结果表明零售业外部创新提高了生产保留成本，促进劳动意愿及人均产出增长，零售业内部创新及生产商利润共享推动劳动意愿及人均产出增长。由于生产商的商品不仅在本省销售，而且会销往外地，因此不能用省级面板数据进行分析，而需要利用全国层面时间序列数据对数理分析结果展开计量实证。由于全国企业创新调查开展时间较短，数据长度不符合时间序列计量模型分析要求，故本章没有进行相关实证研究，这也是需要进一步完善的方面。

第 7 章

研究结论、政策建议与研究展望

7.1　研究结论

零售行业作为国民经济基础性行业，一端连着消费，另一端与生产的联系日益增强，其创新发展在拉动消费和促进生产方面大有可为，助力我国经济改革发展。本书在我国零售业创新活动蓬勃发展的现实背景下，对我国零售业创新的经济效应展开了研究，首先利用创新理论、产业竞争理论和流通经济理论探讨了零售业创新内涵和机理，接着依据零售业创新内涵和机理，构建零售业创新测度指标，最后分析零售业创新对零售产业绩效、消费和产出的经济效应。本书得出以下结论：

1. 零售业创新有扩展市场的外部创新和节约成本的内部创新两种类型

从创新的生产函数本质出发，本书认为零售业创新就是零售商创新及其扩散形成了零售业新生产函数。以产业竞争理论、流通经济理论为基础构建的零售商内、外创新模型，表明零售商创新的根本逻辑在于零售商追求实际产出持续增长和由此形成的零售商扩展市场的外部创新和零售商节约成本的内部创新，零售商内、外创新模型可以解释零售业态各次变革。零售商扩展市场的外部创新在产业扩散形成零售业新生产函数，这个过程是零售业扩展市场的外部创新。零售商节约成本的内部创新在产业扩散形成零售业新生产函数，这个过程是零售业节约成本的内部创新。从零售商创新到零售业创新，交织着合成放大效应和合成谬误问题。理论分析表明，零售业外部创新具有合成放大效应，零售业内部创新同时具备合成放大效应和合成谬误问题。

2. 线上向线下布局的新零售是零售商协调双边交易成本的零售商外部创新，网络零售商通过“一体化”自建实体或“经济补偿”合作共建这两种新零售具体形式，承担线下零售商正外部效应的成本

本书构建的零售商内、外创新模型，在已有零售业态创新理论基础上把服务深化为面向消费者的购买成本承接服务与面向生产商的销售成本承

接服务两个方面，对零售业创新实践具有较强的解释性。双边成本可能协同，也可能出现矛盾，网络零售商顺应了生产商降低销售成本的需求，却增加了消费者购买成本，新零售是一次协调双边交易成本矛盾的零售商外部创新。双边交易成本冲突促使网络零售商向线下布局形成新零售。在网络零售的价格冲击下，实体零售经营惨淡，甚至沦为网络零售的“试衣间”，实体零售关店频现。原本受益于实体零售商服务正外部溢出效应的网络零售商，在实体零售商退出背景下所能搭乘的“便车”越来越少。面对消费者搜寻成本上升，网络零售亟需承担正外部效应产生的成本。依据科斯定理，一体化制度设计相当于自建实体，而补偿制度设计可理解为线上向线下支付费用的合作形式，这两种方式也是当今新零售的主要表现形式。在新零售中，实体店是重要的商品体验场所，降低了消费者搜寻成本，同时网络零售商不追求门店数量，仍把网络作为主要销售渠道，保持价格竞争优势。

3. 全国企业创新调查统计指标构成了契合内涵且可信的零售业创新测度指标

根据零售业创新内涵与机理，零售业创新包括零售业内部创新和零售业外部创新。我国新近开展的全国企业创新调查为零售业创新测度研究提供了宝贵的数据来源。本书依据调查问卷中的指标解释和上市零售商2016—2019年年报披露的创新行为，将统计指标与零售业创新实践相对应，提出零售业创新测度指标构建假说，即零售业外部创新的测度指标为实现服务或营销创新零售业企业占比，零售业内部创新的测度指标为实现组织或工艺创新的零售业企业占比，指标构建假设通过了验证性因子检验。当前我国零售业内部创新水平高于外部创新水平，中西部创新水平高于东部创新水平，“一带一路”省域具有更高的零售业创新水平。

4. 零售业外部创新以合成放大效应为主导效应，而零售业内部创新在当前我国零售业分散的市场结构环境下合成谬误问题突出

理论和国际比较分析都表明，我国零售业市场集中度偏低。零售商外部创新的匹配机制、渠道整合机制有利于促进行业集中，零售商外部创新到零售业外部创新出现的模仿创新机制和分工经济机制，滋养着零售商持

续深化外部创新质量，这种合成放大效应显著促进了零售产业市场结构优化和零售业全要素生产率增长。零售商内部创新降低了必要资本量进入壁垒，有利于中小零售商发展但不利于形成零售业理想的市场结构，同时零售商内部创新到零售业内部创新存在“产能分散—投资潮—产能过剩”的资源配置问题和横向外部性较少的情况，显著降低了零售产业市场集中度和零售业全要素生产率。我国零售业内部创新在当前我国零售业分散的市场结构环境下，合成谬误问题突出。

5. 我国零售业创新对消费增长具有显著影响

消费增长存在扩展和集约两种路径。零售业外部创新降低了消费者购买成本，促进潜在需求向需求转化，显著提高了边际消费倾向，促进消费扩展增长。零售业内部创新通过成本变量改变实际可支配收入，影响消费增长，由于当前我国零售业内部创新合成谬误问题突出，不利于零售业降低运营成本，显著抑制了消费增长。但当前零售业外部创新对消费扩展增长的促进效应，大于零售业内部创新对消费增长的负向影响，零售业创新从整体上看促进了消费增长。

6. 零售业创新从生产性劳动供给意愿角度对产出产生影响

顺应主流经济学从投入视角研究经济增长的范式，本书认为零售业创新从生产性劳动供给意愿角度影响产出。零售业创新通过影响个体商品需要和收入需要，影响劳动意愿和产出增长。零售业虽然一头连着生产，一头连着消费，但两端是相同的群体，只是在不同阶段从事的活动不同，消费者是生产商，生产商也是消费者。零售业外部创新降低了个体生产商搜寻成本，满足其商品需要。在集中的零售业市场结构假设下，零售业内部创新降低了行业经营成本。如果零售商能够共享利润增长，将有助于实现个体收入需要，激励个体生产商劳动意愿并促进产出增长。一般均衡模型结果表明，在集中的零售业市场结构假设下，零售业外部创新提高了生产保留成本，激励生产性劳动意愿及人均产出增长，零售业内部创新及利润共享共同提高了生产保留成本，激励生产性劳动意愿及人均产出增长。

7.2 政策建议

本书研究结论表明，零售业创新有外部、内部两种类型，是促进消费以及推动产出增长的重要动力。但当前零售业创新的短板仍需补齐，零售业创新驱动消费和产出增长也需多因素协同推进，鉴于此，本书就如何促进零售业创新驱动进行了较为全面的思考。

1. 推动零售业持续创新

零售业创新测度结果表明，零售业创新最初出现在北京、上海、浙江、江苏等经济科技较发达地区，这些地区一般是原始创新的产生地，对全国零售业创新具有引领性。在东部地区，应进一步加大物联网、云计算、大数据、区块链等信息技术对零售产业改造，加大物联网和人工智能技术对零售产业的变革，继续推动零售业新业态、新商业模式创新。推动形成零售业创新扩散激励机制，加大原始创新扩散速度、扩散区域以及扩散规模，建立积极的财政、土地、税收政策鼓励先进零售业向中西部地区扩散。

2. 创新鼓励政策向大型零售商倾斜，发挥零售业创新的经济效应

在集中的零售业市场结构中，零售业外部创新和零售业内部创新能够发挥更大的经济效应。当前我国零售业存在大量中小型零售商，因此零售业内部创新合成谬误问题突出，阻碍了行业结构优化、全要素生产率提升和消费增长。对大型零售企业创新应采取重点扶持政策，提高行业组织化程度，能够破解零售业内部创新合成谬误。出台对大型零售企业创新的资金、税收、土地、人才等优惠政策，鼓励大型零售商实施工艺创新和组织创新；在推行供应链创新与应用等试点过程中，避免区域市场思维，打破各区域扶植地方零售企业的发展思路，构建促进大型零售商跨区域创新发展的体制机制。切实重视羊群效应和金融资本康采恩预算软约束，避免资金蜂拥进场布局，形成零售业内部创新投资潮。建议可以由商务主管部门

或者行业协会建立健全市场监测预报系统，建立高效快捷的信息通道，承担零售业创新投资预警职能，搜集公示相关实际经营信息，对行业创新投资发展动态、发展趋势做出科学判断，通过例行新闻发布会等渠道提示投资风险。

3. 持续推进零售业外部创新发展

当前我国零售业服务、营销等外部创新，在促进零售业市场结构优化、提升零售业全要素生产率、促进消费增长方面发挥显著作用。继续深入推进零售业面向生产商和消费者的外部创新，挖掘商品消费潜力，顺应消费趋势。转变传统营销方式，开展个性化推荐等现代营销创新，充分发挥体验消费的引领作用，激发消费者的消费意识和购物行为。丰富消费体验业态，加强传统销售场所体验投资，引导零售实体顺应个性化、多样化、品质化消费趋势，弘扬诚信服务，推广精细服务，提高服务技能，延伸服务链条，规范服务流程，满足消费者多方面消费需求。

4. 加强对零售业创新的规制监管

零售业外部创新有利于零售业发挥规模经济，优化零售业市场结构。避免市场集中导致零售商滥用买方市场势力，促进零售商与供应商建立和谐的零供关系，共享创新利润，促进产出增长以及零售业持续发展。加大对零售商买方势力、零售商双边市场垄断的立法与监管力度，对零售商滥用市场支配地位的行为加强处罚。探索促进生产商与零售商共享创新利润的财政与税收政策。

7.3 研究不足及展望

基于创新理论、产业竞争理论和流通经济理论等，本书对零售业创新机理及其对产业、消费与产出增长的经济效应进行了较为深入的分析，取得了一定成果，但仍有可改进空间。

1. 利用国外零售业创新数据对零售业创新经济效应展开进一步实证

受我国零售业创新数据可得性限制，实证分析结果具备着一定参考价值，但仍有很大改进空间。本书对零售业创新的产出增长效应进行了规范分析，由于生产商的商品不仅在本省销售，还会销往外地，因此生产商的收入需要满足程度与销地零售业创新水平相关，与本省零售业创新水平关系不大，相关实证需要全国层面的零售业创新数据进行实证。由于全国企业创新调查开展时间较短，数据长度不符合时间序列计量模型分析要求，而在国外一些国家，企业创新调查已经开展多年，因此进一步的研究需要搜集整理国外零售业创新数据，再对其进行实证研究。

2. 对零售业创新的理论内容需进一步思考和拓展

理论构建部分，零售业创新这一概念框架中实际涵盖的理论内容还有很多，除了本书中已阐述内容之外，还有对零售业创新程度、关键因素、效率等方面的理论内容需进一步思考和拓展。

3. 研究零售业产能过剩预警指数和化解机制

零售业内部创新可能引起零售业产能过剩。借鉴已有关于产能过剩研究，构建零售产业产能过剩指标体系，用于建立信息发布及产能监测预警机制，正确引导零售商创新资金的投向。

参考文献

[1] ABERNATHY W J, UTTERBACK J M. Patterns of industrial innovation [J]. Technology review, 1978, 80 (7): 40-47.

[2] ABERNAT W J, UTTERBACK J M. A dynamical model of process and product Innovation [J]. Omega, 1975, 3 (6): 639-656.

[3] ACEMOGLU D, AGHION P, ZILIBOTTI F. Distance to frontier, selection, and economic growth [J]. Journal of the European Economic Association, 2006, 4 (1): 37-74.

[4] ALDERSON W. Factors governing the development of marketing channels [J]. Richard Irwin Inc., Homewood, 1954 (9): 5-34.

[5] ALVAREZ F E, LIPPI F, PACIELLO L. Optimal price setting with observation and menu costs [J]. The Quarterly journal of economics, 2011, 126 (4): 1909-1960.

[6] ARROW K J. The organization of economic activity: issues pertinent to the choice of market versus nonmarket allocation [J]. The analysis and evaluation of public expenditure: the PPB system, 1969 (1): 59-73.

[7] BARNETT W T, ZAHAY D, THORBJRNSEN H, SHAVITT S. Getting too personal: Reactance to highly personalized email solicitations [J]. Marketing Letters, 2008, 19 (1): 39-50.

[8] BARRAS R. Towards a theory of innovation in services [J]. Research policy, 1986, 15 (4): 161-173.

[9] BASFORD R, WILLIAMS P W. Segmenting downhill skiing's latent

demand market [J]. American Behavioral Scientist, 1992, 36 (2): 222 - 223.

[10] BAUMOL W J. Williamson's the economic institutions of capitalism [J]. The RAND Journal of Economics, 1986, 17 (2): 279 - 292.

[11] BAUER R A. Consumer behavior as risk taking [M]. American Marketing Association, 1960, 389 - 398.

[12] BEATTY S E, SMITH S M. External search effort: an investigation across several product categories [J]. Journal of Consumer Research, 1987, 14 (1): 83 - 95.

[13] BECKER G S. A Theory of the allocation of time [J]. The economic journal, 1965, 75 (299): 493 - 517.

[14] BENTLER P M, CHOU C P. Practical issues in structural modeling [J]. Sociological Methods & Research, 1987, 16 (1): 78 - 117.

[15] BHATTACHARYA S, HAGERTY K. Dealerships, trading externalities and general equilibrium [J]. Contractual Arrangements for Intertemporal Trade, Chapter Minnesota Studies in Macroeconomics Series, 1987 (1): 81 - 104.

[16] BIGLAISER G, FRIEDMAN J W. Middlemen as guarantors of quality [J]. International journal of industrial organization, 1994, 12 (4): 509 - 531.

[17] BIGLAISER G. Middlemen as experts [J]. The RAND journal of Economics, 1993, 24 (2): 212 - 223.

[18] BORRAZ F, ZIPITRÍA L, GALLEGO F A. Retail price setting in Uruguay [with Comment] [J]. Economia, 2012, 12 (2): 77 - 109.

[19] BRAAK A T, DELEERSNYDER B, GEYSKENSET I, DEKIMPE M G. Does private - label production by national - brand manufacturers create discounter goodwill? [J]. International Journal of Research in Marketing, 2013, 30 (4): 343 - 357.

[20] BROWN S A, DUNLOP J T, RIVKIN J. Revolution at the checkout

counter: The explosion of the bar code [M]. Harvard University Press, 1997.

[21] CAVES D W, CHRISTENSEN L R, DIEWERT E. The economic theory of index numbers and the measurement of input, output, and productivity [J]. Econometrica, 1982, 50 (6): 1393 - 1414.

[22] CHU WUJIN, WOOSIK CHU. Signaling quality by selling through a reputable retailer: An example of renting the reputation of another agent [J]. Marketing Science, 1994, 13 (2): 177 - 189.

[23] COLIN C W. Rethinking the role of the retail sector in economic development [J]. Service Industries Journal, 1997, 17 (2): 205 - 220.

[24] COLIN E. Do supermarket prices change from week to week [J]. Bank of England Working Paper, 2009 (11): 378.

[25] CUNNINGHAM N. J. Industrial innovation [J]. Business History, 1960, 2 (2): 97 - 100.

[26] DEATON A, MUELLBAUER J. An almost ideal demand system [J]. The American Economic Review, 1980, 70 (3): 312 - 326.

[27] DEATON A, MUELLBAUER J. Economics and consumer behavior [M]. Cambridge university press, 1980: 34 - 35.

[28] DMSETZ H. The Firm in Economic Theory: A Quiet Revolution [J]. American Economic Review, 1997, 87 (2): 426 - 429.

[29] DIAMOND P A. Aggregate demand management in search equilibrium [J]. Journal of political Economy, 1982, 90 (5): 881 - 894.

[30] DRISCOLL J C, KRAAY A C. Consistent covariance matrix estimation with spatially dependent panel data [J]. Review of Economics and Statistics, 1998, 80 (4): 549 - 560.

[31] DUMAN G M, TOZANLI O, KONGAR E, GUPTA S M. A holistic approach for performance evaluation using quantitative and qualitative data: a food industry case study [J]. Expert systems with applications, 2017 (81): 410 - 422.

[32] EARL P E, POTTS J. Latent demand and the browsing shopper

[J]. Managerial and Decision Economics, 2000, 21 (3-4): 111-122.

[33] EHRLICH I, FISHER L. The derived demand for advertising: A theoretical and empirical investigation [J]. The American Economic Review, 1982, 72 (3): 366-388.

[34] FARAG S, KRIZEK K J, DIJST M. E-Shopping and its Relationship with in-store shopping: empirical evidence from the Netherlands and the USA [J]. Transport Reviews, 2006, 26 (1): 43-61.

[35] FITZSIMONS G J, LEHMANN D R. Reactance to recommendations: when unsolicited advice yields contrary responses [J]. Marketing Science, 2004, 23 (1): 82-94.

[36] FOSTER L,, HALTIWANGE J, KRIZAN C J. Market selection, reallocation and restructuring in the US retail trade sector in the 1990s [J]. The Review of Economics and Statistics, 2006, 88 (4): 748-758.

[37] FREEMAN C, SOETE L. "The Economics of Industrial Innovation" (3rd Edition) [M]. The MIT Press, London, 1997.

[38] FUNDENBERG D, TIROLE J. Upgrades, tradeins and buybacks [J]. The RAND Journal of Economics, 1998, 29 (2): 235-258.

[39] GMBEL H, WALKER M. Service and the changing economic structure [M]. Services in World Economic Growth Sysposium Institute, 1988: 54-64.

[40] GORDON R J. Hi-Tech innovation and productivity growth: Does supply create its Own Demand? [J]. NBER Working Paper 2003.

[41] GORT M, KLEPPER S. Time paths in the diffusion of product innovations [J]. Economic Journal, 1982, 92 (367): 630-653.

[42] GRANDSTRAND O, BOHLIN E, OSKARSSON C. External technology acquisition in large multi-technology corporations [J]. R&D Management, 1992, 22 (2): 111-133.

[43] HANNAN M T, FREEMAN J. "Organizations and social structure" in organizational ecology [M]. Cambridge, Harvard Press, 1989, 3-27.

[44] HAUBL G, TRIFTS V. Consumer decision making in online shopping environments: the effects of interactive decision aids [J]. Marketing science, 2000, 19 (1): 4 -21.

[45] HAUBL G, MURRAY K B. Double agents: assessing the role of electronic product recommendation systems [J]. SSRN Electronic Journal, 2005, 47 (3): 8 -12.

[46] HOBDAY M. The technological competence of European semiconductor producers [J]. International Journal of Technology Management, 1997, 14 (2 -4): 401 -414.

[47] HOLLANDER S C. The wheel of retailing [J]. Journal of marketing, 1960, 25 (1): 37 -42.

[48] HOTELLING H. Stability in competition [J]. The Economics Journal, 1929, 39 (153): 141 -156.

[49] HUBER P J. The Behavior of maximum likelihood estimates under non - standard conditions [J]. Proceedings of the 5th Berkeley Symposium, 1967 (1): 221 -233.

[50] HUMMELS D, KLENOW P J. The variety and quality of a nation's exports [J]. American Economic Review, 2005, 95 (3): 704 -723.

[51] ITO ZHAOHAO. Changes in distribution industry by ICT: current state of the content industry, analysis of consumer preferences of books and music by AHP method [J], Social Sciences, 2017, 54 (1): 1 -12.

[52] KLEPPER S. Entry, exit, growth, and innovation over the product life cycle [J]. American Economic Review, 1996, 86 (3): 562 -583.

[53] LAGAKOS D. Explaining cross country productivity differences in retail trade [J]. Journal of Political Economy, 2016, 124 (2): 579 -620.

[54] LEVYA M, GREWALA D, ROBERT A, CONNOLLY B. The concept of the "Big Middle" [J]. Journal of Retailing, 2005, 81 (2): 83 -88.

[55] LIANG T P, HUANG J S. An empirical study on consumer acceptance of products in electronic markets: a transaction cost model [J]. Decision

support systems, 1998, 24 (1): 29 -43.

[56] LIM M K, WITOLD B, STEPHEN L. RFID in the warehouse: A literature analysis (1995 - 2010) of its applications, benefits, challenges and future trends [J]. International Journal of Production Economics, 2013, 145 (1): 409 -430.

[57] MAITAL S. Recent development in behavioral economics [M]. Edward Elgar Publishing Ltd, 2007: 213 -215.

[58] MARKIN R J, Duncan C P. The transformation of retailing institutions: Beyond the wheel of retailing and life cycle theories [J]. Journal of Macro marketing, 1981, 1 (1): 58 -66.

[59] MCCLELLAND W. Economics of the supermarket [J]. The Economic Journal, 1962, 72 (285): 154 -170.

[60] MCNAIR M P. Trends in large - scale retailing [J]. Harvard Business Review, 1931, 1 (10): 30 -39.

[61] MCNAIR M P. Significant trends and developments in the postwar period [M]. Pittsburgh: University of Pittsburgh Press, 1958: 1 -25.

[62] MOSTAFA M M. A neuro - computational intelligence analysis of the US retailer's efficiency [J]. International Journal of intelligence computing and cybernentics, 2010, 3 (1): 135 -162.

[63] NAKAMURA E, STEINSSON J. Five facts about prices: A reevaluation of menu cost models [J]. The Quarterly Journal of Economics, 2008, 123 (4): 1415 -1464.

[64] NELSON R. Understanding technical change as an evolutionary process [M]. North - Holland, 1987: 61 -63.

[65] NIELSEN O. Developments in Retailing [M]. North Holland Publishing Company, 1966, 101 -115.

[66] ODLING - SMEE F J, LALAND K, FELDMAN M W. Niche construction: The neglected process in evolution [M]. Princeton University Press, 2003.

[67] OI W Y. Productivity in the distributive trades: the shopper and the economies of massed reserves [R]. National Bureau of Economic Research Chapters, 1992.

[68] PANTANO E, PASSAVANTI R, PRIPORAS C V, VERTERAMO S. To what extent luxury retailing can be smart? [J]. Journal of Retailing and Consumer Services, 2018 (43): 94 – 100.

[69] PANTANO E. Benefits and risks associated with time choice of innovating in retail settings [J]. International Journal of Retail & Distribution Management, 2016, 44 (1): 58 – 70.

[70] PANTANO E. Innovation drivers in retail industry [J]. International Journal of Information Management, 2014, 34 (3): 344 – 350.

[71] PANTANO E, PRIPORAS C V, SORACE L, AZZOLINO G. Does innovation – orientation lead to retail industry growth? Empirical evidence from patent analysis [J]. Journal of Retailing and Consumer Services, 2017 (34): 88 – 94.

[72] PARK T Y, LIM H, JI L. Identifying potential users of technology for technology transfer using patent citation analysis: a case analysis of a Korean research institute [J]. Scientometrics, 2018, 116 (3): 1541 – 1558.

[73] PATEL P C, PEARCE J A. The survival consequences of intellectual property for retail ventures [J]. Journal of Retailing and Consumer Services, 2018, 43 (7): 77 – 84.

[74] PETER E E. Economics and psychology: A Survey, the economic journal [J]. 1990, 100 (42): 718 – 755.

[75] REYNOLDS J, HOWARD E, CUTHBERSON C, HRISTOV L. Perspectives on retail format innovation: relating theory and practice [J]. International Journal of Retail & Distribution Management, 2007, 35 (8): 647 – 660.

[76] REYNOLDS J, HRISTOV L. Innovation in retailing: emerging issues and understanding practices [J]. International Review of Retail Distribution &

Consumer Research, 2008, 19 (4): 317 –330.

[77] ROSENKRANZ S. Simultaneous choice of process and product innovation when consumers have a preference for product variety [J]. Journal of Economic Behavior & Organization, 2003, 50 (2): 183 –201.

[78] ROTEMBERG J J. Monopolistic price adjustment and aggregate output [J]. The Review of Economic Studies, 1982, 49 (4): 517 –531.

[79] ROTHWELL R. Reindustrialization and technology: towards a national policy framework [J]. Science and Public Policy, 1985, 12 (3): 113 –130.

[80] RUBINSTEIN A, WOLINSKY A. Middlemen [J]. The Quarterly journal of economics, 1987, 102 (3): 581 –593.

[81] SALIM R A. Differentials at firm level productive capacity realization in Bangladesh food manufacturing: n empirical Analysis [J]. Applied Economics, 2008, 40 (22): 3111 –3126.

[82] SALOP S C. Monopolistic competition with outside goods [J]. The Bell Journal of Economics, 1979, 10 (1): 141 –156.

[83] SCHMOOKLER J. Invention and economic growth [M]. Harvard University Press, 1966.

[84] SHAW S A, NISBET D J, DAWSON J A. Economies of scale in UK supermarket: some preliminary finding [J]. International Journal of retailing, 1989, 17 (5): 12 –26.

[85] SIMONSON I. Determinants of customers' responses to customized offers: conceptual framework and research propositions [J]. Journal of marketing, 2005, 69 (1794): 32 –45.

[86] SCHUMAN W R. Applied multivariate statistics for the social sciences (4th ed.) [M]. The American Statistician, 2003: 68 –69.

[87] STEVENS J P. Applied Multivariate Statistics for the Social Sciences. [J]. The Statistician, 1994, 43 (1): 219.

[88] SWAN E. A functional analysis of innovation in distribution channels

[J]. Journal of Retailing, 1974, 50 (1): 9 -23.

[89] TEECE D J. Business models, business strategy and innovation [J]. Long Range Planning, 2010, 43 (2 -3): 172 -194.

[90] WILLIAMSON O E. The Theory of the Firm as Governance Structure: From Choice to Contract [J]. Journal of Economic Perspectives, 2002, 16 (3): 171 -195.

[91] XIANGKANG Y, ZUSCOVITCH E. Is firm size conducive to R&D choice? A strategic analysis of product and process innovations [J]. Journal of economic behavior & organization, 1998, 35 (2): 243 -262.

[92] 艾文卫.Internet 市场遵循"一价定律"吗?——来自天猫商城的证据 [J]. 商业经济与管理, 2018 (07): 5 -17.

[93] 经济合作与发展组织, 欧盟统计署. 奥斯陆手册 (第三册) [M]. 高昌林, 译. 上海: 科学技术文献出版社, 2011: 45 -47.

[94] 彼得·旺斯. 创新经济学 [M]. 韦倩, 译. 上海: 格致出版社, 2013: 67 -68.

[95] 威廉·鲍莫尔. 企业家精神 [M]. 孙智君, 译. 湖北: 武汉大学出版社, 2010.

[96] 陈金伟, 张昊. 零售商规模不经济问题研究——基于企业特性和竞争环境的面板数据分析 [J]. 中国流通经济, 2013, 27 (03): 76 -82.

[97] 陈林, 胡超凡. 中国上市零售商的规模经济效应研究——基于超越对数成本函数的实证分析 [J]. 财贸研究, 2015, 26 (06): 64 -73.

[98] 陈培如, 冼国明, 胡雁斌. 中国 OFDI 的增长路径研究——基于二元边际的分析视角 [J]. 亚太经济, 2016 (06): 104 -110.

[99] 陈永伟. 零售的本质和零售业的发展 [J]. 东北财经大学学报, 2018 (06): 11 -14.

[100] 崔向阳. 流通组织创新: 缩短与延长流通时间 [J]. 中国流通经济, 2015, 29 (02): 25 -32.

[101] 丁超勋. 流通创新促进农村消费需求增长的机理和路径 [J]. 上海商业 (理论版), 2017 (11): 21 -26.

[102] 丁宁，陈阿兴，周经．制度改革、流通创新与制造业效率提升［J］．经济问题，2014（08）：83－88.

[103] 丁宁．流通创新与中国居民消费率提升［J］．北京工商大学学报（社会科学版），2013，28（03）：7－13.

[104] 丁宁．流通商主导的供应链战略联盟与价值链创新［J］．商业经济与管理，2014（02）：22－28.

[105] 董烨然．高级商业经济理论［M］．北京：经济科学出版社，2011：366－368.

[106] 樊纲，王小鲁．消费条件模型和各地区消费条件指数［J］．经济研究，2004（5）：13－21.

[107] 樊双蛟，王旭坪．退货再次销售的在线零售定价与订货联合决策［J］．系统工程理论与实践，2018，38（01）：113－121.

[108] 冯健．专利视角下我国物流产业冷链技术发展预测［J］．安徽农业科学，2015，43（28）：349－351.

[109] 伏开放，陈志祥．动态需求下的损耗品生产—零售库存优化［J］．北京理工大学学报（社会科学版），2016，18（06）：70－79.

[110] 高锡荣，梁立芳，陈强．物联网服务市场潜在需求的影响因素分析——基于智能家居服务市场的问卷调查［J］．华东经济管理，2012，26（01）：33－38.

[111] 国家统计局科技统计司编译．技术创新统计手册［M］．北京：中国统计出版社，1993.

[112] 胡雅蓓，张为付．企业创新方式选择：市场结构与国际化——基于中国企业微观数据的 Probit 模型研究［J］．国际贸易问题，2015（06）：125－138.

[113] 胡宗彪，朱明进．中国流通服务业生产率的部门及区域差异研究［J］．山西财经大学学报，2016，38（08）：35－45.

[114] 黄国群．旅游集散中心对旅游潜在需求的激活机制研究——基于创新的视角［J］．技术经济，2007（10）：103－107.

[115] 黄国群，徐金发，李珮璘．服务业商务模式创新对潜在需求的

激活机制研究——以旅游集散中心为例［J］．商业经济与管理，2008（03）：57－63.

［116］黄浩．匹配能力、市场规模与电子市场的效率——长尾与搜索的均衡［J］．经济研究，2014，49（07）：165－175.

［117］黄新飞，陈思宇，李腾．我国零售商品价格行为研究——来自长三角15个市超市的微观证据［J］．管理世界，2014（01）：8－15，187.

［118］黄雨婷．零售组织对消费者异质性需求的响应和匹配——个理论分析［J］．中国流通经济，2018，32（04）：18－30.

［119］黄雨婷，刘向东．商品流通渠道组织化与出口企业的外贸转内销调整——互联网经济下的新探索［J］．财贸经济，2016，37（09）：112－125.

［120］江霈，王述英．外包生产模式及其对市场结构影响的分析［J］．中国工业经济，2005（06）：74－80.

［121］金万富，王少剑，邓神志，刘扬．互联网技术应用对零售业空间组织影响研究进展［J］．人文地理，2018，33（03）：1－10.

［122］金永生．论新经济形态下的流通产业组织政策取向［J］．中国流通经济，2003，17（04）：19－22.

［123］荆林波．中国流通业效率实证分析和创新方向［J］．中国流通经济，2013，27（06）：13－17.

［124］荆林波．中国贸易经济研究1999—2016：知识图谱分析［J］．财贸经济，2018，39（12）：5－17.

［125］克莱顿·克里斯坦森．创新者的窘境［M］．胡建桥，译．北京：中信出版社，2005.

［126］匡贤明．消费能否拉动经济增长？——基于消费—增长路径的分析［J］．理论参考，2015（3）：189－194.

［127］雷家骕，程源，杨湘玉．技术经济学的基础理论与方法［M］．北京：高等教育出版社，2005.

［128］李飞，张语涵，马燕，汪洋．大数据转化为零售营销决策的路

径——基于北京朝阳大悦城的案例研究 [J]. 管理案例研究与评论, 2018, 11 (05): 420-437.

[129] 李飞, 张语涵. 中国的零售革命 [J]. 清华管理评论, 2018 (06): 66-72.

[130] 李富昌, 陈莹, 胡晓辉. 基于收益共享契约的网购供应链库存与运输动态优化模型研究 [J]. 中国管理科学, 2016, 24 (S1): 558-563.

[131] 李冠艺, 徐从才. 互联网时代的流通组织创新——基于演进趋势、结构优化和效率边界视角 [J]. 商业经济与管理, 2016 (01): 5-11.

[132] 李靖华, 曾锵. 商圈视角的网络购物对实体零售影响: 替代抑或互补 [J]. 商业经济与管理, 2018 (04): 5-15.

[133] 李骏阳. 对"互联网+流通"的思考 [J]. 中国流通经济, 2015, 29 (09): 6-10.

[134] 李明芳, 薛景梅, 蒋佳. 退货服务质量对零售商顾客忠诚度的影响 [J]. 中国流通经济, 2012, 26 (12): 94-98.

[135] 李晓华. 新零售的数据悖论与长尾悖论 [J]. 东北财经大学报, 2018 (06): 15-18.

[136] 李晓慧. 技术效率、技术进步与中国流通业生产率增长 [J]. 商业经济与管理, 2011 (06): 18-25.

[137] 李子文, 刘向东. 分销服务在零售活动中的作用机制——消费者满意度视角 [J]. 中国流通经济, 2017, 31 (04): 56-68.

[138] 李子文, 刘向东. 中国零售业全要素生产率演进及分解 [J]. 商业研究, 2017 (07): 135-147.

[139] 连远强. 供给侧跨界耦合视角下产业创新发展研究 [J]. 科技进步与对策, 2016, 33 (20): 63-68.

[140] 梁磊. 中外组织生态学研究的比较分析 [J]. 管理评论, 2004 (03): 51-57, 64.

[141] 梁莹莹. 基于"新零售之轮"理论的中国"新零售"产生与

发展研究［J］. 当代经济管理，2017，39（09）：6－11.

［142］梁云. 出口贸易与流通业企业生产率提升：机制与效应［J］. 经济问题探索，2016（07）：137－143.

［143］林毅夫. 投资、消费和当前经济形势［J］. 今日中国（中文版），2013（8）：14－15.

［144］林英泽，戈宇，包文斌. 从阿里与百联“联姻”看“新零售”［J］. 中国流通经济，2017，31（03）：124－128.

［145］刘强东. 零售的未来：第四次零售革命［J］. 中国企业家，2017（14）：77－84.

［146］刘卫锋，但承龙. 我国流通产业组织创新的动因与方向［J］. 中国流通经济，2009，23（03）：14－16.

［147］刘向东，郭艾. 零供交易自律国际经验及启示［J］. 中国流通经济，2019，33（01）：3－14.

［148］刘晓英，文庭孝，孙玥莹. 专利技术信息挖掘及实证研究：以我国的行李箱专利为例［J］. 图书馆，2018（04）：37－43.

［149］刘子卉. 基于“延长”流通时间的我国流通组织创新模式构建［J］. 商业经济研究，2017（08）：103－105.

［150］柳思维，周洪洋. 我国流通产业全要素生产率空间关联和影响因素研究［J］. 北京工商大学学报（社会科学版），2018，33（02）：38－50.

［151］罗格·R. 贝当古. 零售与分销经济学［M］. 刘向东，沈健，译. 北京：中国人民大学出版社，2009：45－47.

［152］罗玛丽·瓦利. 零售管理教程［M］. 胡金有，译. 北京：经济管理出版社，2011：23.

［153］马歇尔. 经济学原理［M］. 朱志泰，译. 北京：商务印馆，1994：267－272.

［154］齐鹰飞，张瑞. 市场集中度与产能过剩［J］. 财经问题研究，2015（10）：24－30.

［155］齐永智，张梦霞. SOLOMO 消费驱动下零售商渠道演化选择：

全渠道零售［J］. 经济与管理研究，2015，36（07）：137－144.

［156］乔海曙，谢璐芳. 2010 年度诺贝尔经济学奖得主重要学术著作简评［J］. 经济学动态，2010（12）：105－108.

［157］乔治·阿克洛夫，罗伯特·席勒. 动物精神：人类心理如何驱动经济影响全球资本市场［M］. 黄至强，译. 北京：中信出版社，2016：46－53.

［158］沈健，刘向东. 零售业态均衡与创新的要素分析——基于零售业态价格梯度模型的研究［J］. 商业经济与管理，2011（04）：5－12.

［159］盛亚，吴蓓. 商业模式研究文献综述：兼论零售商业模式［J］. 商业研究，2010（06）：40－43.

［160］石明明. 消费者异质性、搜寻与零售业态均衡——后福特时代流通过程如何响应消费者异质性［J］. 财贸经济，2013（1）：107－116.

［161］司增绰. 需求供给结构、产业链构成与传统流通业创新——以我国批发和零售业为例［J］. 经济管理，2015，37（02）：20－30.

［162］苏东风. "三新"视角的"新零售"内涵、支撑理论与发展趋势［J］. 中国流通经济，2017，31（09）：16－21.

［163］孙鲁平，张丽君，汪平. 网上个性化推荐研究述评与展望［J］. 外国经济与管理，2016，38（06）：82－99.

［164］田俊峰，田劲松. 消费者策略行为下网上零售产品与物流服务的定价机制［J］. 系统管理学报，2016，25（02）：326－332.

［165］迈克尔·利维，巴顿·韦茨. 零售管理（第六版）［M］. 俞利军，译. 北京：人民邮电出版社，2016：23－26.

［166］迈克尔·波特. 竞争战略［M］. 陈丽芳，译. 北京：中信出版社，2014.

［167］汪涛武，王燕. 基于大数据的制造业与零售业融合发展：机理与路径［J］. 中国流通经济，2018，32（01）：20－26.

［168］汪旭晖，徐健. 零售显性技能本土化对跨国零售商海外市场顾客满意的影响——基于沃尔玛中美顾客感知差异的分析［J］. 经济管理，2011，33（06）：99－108.

[169] 王宝义."新零售"的本质、成因及实践动向 [J]. 中国流通经济, 2017, 31 (07): 3-11.

[170] 王成进. 构建以人的需求为中心的经济增长分析框架——基于马克思需求理论的探讨 [J]. 南方金融, 2018 (11): 3-11.

[171] 王成荣. 第四次零售革命: 流通的变革与重构 [M]. 北京: 中国经济出版社, 2014: 34-35.

[172] 王弟海, 崔小勇, 龚六堂. 健康在经济增长和经济发展中的作用——基于文献研究的视角 [J]. 经济学动态, 2015 (8): 107-127.

[173] 王桂军, 曹平. 产业创新与产业创新系统: 国外理论脉络与国内政策建议 [J]. 科技管理研究, 2018, 38 (12): 9-14.

[174] 王坤, 相峰."新零售"的理论架构与研究范式 [J]. 中国流通经济, 2018, 32 (01): 3-11.

[175] 王磊, 谭清美, 陆菲菲. 产业创新平台发展回顾与展望 [J]. 科技进步与对策, 2017, 34 (07): 154-160.

[176] 王宁. 基于客户关系管理的潜在信息需求显化 [J]. 情报杂志, 2005 (7): 100-104.

[177] 王世进. 基于流通业创新的居民消费研究 [J]. 江苏师范大学学报 (哲学社会科学版), 2015, 41 (06): 113-117.

[178] 王维莉. 我国零供关系现状分析 [J]. 商业研究, 2014, 56 (08): 9-13.

[179] 王晓东. 中国流通产业组织化问题研究 [M]. 北京: 中国人民大学出版社, 2013: 203-227.

[180] 王艳芝, 王双进, 卢宏亮. 消费者对个性化定制产品的接受意愿研究——基于风险视角 [J]. 天津商业大学学报, 2017, 37 (04): 46-54.

[181] 威廉·鲍莫尔. 资本主义的增长奇迹 [M]. 彭敬等, 译. 北京: 中信出版社, 2004.

[182] 威廉·鲍莫尔. 创新: 经济增长的奇迹 [M]. 郭梅军, 译. 北京: 中信出版社, 2016.

[183] 威廉·鲍莫尔．企业家精神［M］．郭熙保，孙智君，译．武汉：武汉大学出版社，2010.

[184] 威廉·鲍莫尔．创新力微观经济理论［M］．刘鹰，张哲，译．北京：格致出版社，2018.

[185] 魏国伟，狄浩林．新零售商竞争力评价指标体系研究［J］．经济问题，2018，(06)：75－80.

[186] 吴昊，李健伟，程楠．零售业态演进——基于消费成本视角的解释［J］．消费经济，2015，31（03）：75－78.

[187] 吴明隆．Spss 统计应用实务［M］．北京：中国铁道出版社，2000：54－55.

[188] 肖怡．零售学（第二版）［M］．北京：高等教育出版社，2007：34－36.

[189] 小艾尔弗雷德·D. 钱德勒．看得见的手——美国企业的管理革命［M］．北京：商务印书馆，1987：31－34.

[190] 谢莉娟，王诗桪．国有资本应该退出竞争性领域吗——基于行业比较与批发业效率机制的分析［J］．财贸经济，2016（02）：127－144.

[191] 谢长安，程恩富．分工深化论：五次社会大分工与部门内分工探析［J］．马克思主义研究，2016（12）：46－58，157.

[192] 约瑟夫·熊彼特．经济发展理论［M］．何畏，译．北京：商务印刷出版社，1990.

[193] 约瑟夫·熊彼特．资本主义、社会主义与民主［M］．吴良健，译．北京：商务印刷出版社，1999.

[194] 徐从才，原小能．流通组织创新与现代生产者服务业发展［J］．财贸经济，2008（01）：101－106，128.

[195] 徐诺金．再论消费、储蓄与投资的关系——兼论当前的宏观经济形势［J］．金融市场研究，2012（4）：27－38.

[196] 鄢章华，刘蕾．“新零售”的概念、研究框架与发展趋势［J］．中国流通经济，2017，31（10）：12－19.

[197] 晏维龙．“零售之轮”理论发展的逻辑与不足［J］．北京工商

大学学报（社会科学版），2002（06）：30－34.

［198］杨海丽，刘瑜．我国流通创新综合水平评价分析［J］．财经问题研究，2014（07）：118－123.

［199］杨海丽．流通创新影响生态消费的作用机理及效应研究［J］．统计与决策，2013（16）：48－51.

［200］杨连星．刘晓光．反倾销如何影响了对外部直接投资的二元边际［J］．金融研究，2017（12）：64－79.

［201］杨水根，王露．流通创新促进了农村居民消费升级吗？——基于中国2004—2015年省际面板数据的实证研究［J］．哈尔滨商业大学学报（社会科学版），2018（03）：98－107，128.

［202］杨振兵，王乐琦．中国制造业部门创新网络扩散的酵母效应研究［J］．上海财经大学学报，2018，20（06）：29－43.

［203］易纲，樊纲，李岩．关于中国经济增长与全要素生产率的理论思考［J］．经济研究，2003（08）：13－20，90.

［204］袁仕希．潜在经济信息需求及其激活［J］．情报理论与实践，2002，25（5）：339－341.

［205］约瑟夫·阿洛伊斯·熊彼特．资本主义、社会主义和民主主义［M］．绛枫译．北京：商务印书馆，1979.

［206］约瑟夫·阿洛伊斯·熊彼特．经济发展理论［M］．何畏等译．北京：商务印书馆，1990：78－82.

［207］张富春，沈宇丹．短流通：商业产业组织的新理念［J］．商业研究，2011（11）：8－13.

［208］张海波．ODI二元边际如何影响制造业跨国企业出口［J］．财贸经济，2018，39（02）：86－101.

［209］张昊．改善零售服务供给与挖掘居民消费潜力［J］．商业经济与管理，2016（11）：5－16.

［210］张弘．技术创新与我国流通产业的发展［J］．中国流通经济，2009，23（09）：16－19.

［211］张廷龙．零售商优势下制造商引入网络直销渠道策略研究

[J]. 安徽师范大学学报（人文社会科学版），2018，46（06）：125－132.

［212］张先轸，何文，李京晓．流通、生产与消费：基于三部门封闭经济系统的均衡分析［J］．财贸经济，2014（08）：94－103.

［213］张先轸．流通促进消费最新研究进展：微观基础综论［J］．商业经济与管理，2013（01）：14－21.

［214］张一思．新常态下流通产业创新能力评价及提升路径［J］．商业经济研究，2016（11）：26－28.

［215］赵树梅，徐晓红．“新零售”的含义、模式及发展路径［J］．中国流通经济，2017，31（05）：12－20.

［216］赵霞，徐永锋．网络渠道提高了零售商绩效吗？——基于中国零售业上市公司的实证［J］．当代经济管理，2017，39（04）：21－31.

［217］赵彦云，谢蕾蕾．北京市零售业技术水平的实证研究［J］．统计教育，2008（09）：19－24.

［218］郑淑蓉．论我国现代流通业的技术创新［J］．山西财经大学学报，2007（02）：45－49.

［219］中西正雄．零售圈真的到处都是吗？［J］．商业理论，1996，43（1）：21－41.

［220］周旭东．产业创新的政策取向［J］．现代管理科学，2015（10）：82－84.

［221］周轶昆．基于厂商学习的产业创新机制研究［D］．暨南大学，2007.

［222］朱丽娜．日本零售业发展新趋势和对我国零售业的启示［J］．江苏商论，2016（11）：3－5，15.

［223］朱明宣．凯恩斯消费理论的线性化解释［J］．经济视角，2012（3）：28－29.

［224］曾鸣．未来五年最有可能领先的商业模式是S2B［J］．商业文化，2017（16）：87－90.

［225］陈旭，秦蒙，刘修岩．蔓延的城市结构是否损害了全要素生产率——基于中国制造业企业数据的实证研究［J］．现代经济探讨，2018，

{4}(07)：87－98.

［226］何明志，王晓晖．财务柔性、研发投入与企业全要素生产率［J］．产经评论，2019，10（04）：81－94.

［227］胡文卿，左拙人．经营性负债、金融周期与企业全要素生产率［J］．首都经济贸易大学学报，2020，22（06）：94－108.